JIAGONG MAOYI QIYE GUANWU JIAOCHENG

加工贸易企业关务教程

任娟 邱志睿 梅丹◎编著

中国海关出版社

图书在版编目（CIP）数据

加工贸易企业关务教程/任娟，邱志睿，梅丹编著. —北京：中国海关出版社，2009.5

ISBN 978-7-80165-626-1

Ⅰ.加… Ⅱ.①任… ②邱… ③梅… Ⅲ.对外贸易-商业加工-海关手续-中国-技术培训-教材 Ⅳ.F752.5

中国版本图书馆 CIP 数据核字（2009）第 069791 号

加工贸易企业关务教程

JIAGONG MAOYI QIYE GUANWU JIAOCHENG

作　　者：任娟　邱志睿　梅丹

责任编辑：沈楚铃

出版发行：中国海关出版社

社　　址：北京市朝阳区东土城路 14 号　　邮政编码：100013

网　　址：www.haiguanbook.com

编 辑 部：01085271833-683（电话）　　01085271539（传真）

发 行 部：01085271608/09/10（电话）　　01085271611（传真）

社办书店：01065195616（电话）　01065195127（传真）

北京市建国门内大街 6 号海关总署东配楼一层

印　　刷：北京市白帆印务有限公司　　经销：新华书店

开　　本：787mm×1092mm　1/16

印　　张：13　　字数：170 千字

版　　次：2009 年 5 月第 1 版

印　　次：2009 年 5 月第 1 次印刷

书　　号：ISBN　978-7-80165-626-1

定　　价：28.00 元

目 录

1 加工贸易法律法规梳理

JIAGONG MAOYI FALÜ FAGUI SHULI

加工贸易作为一种贸易方式，有着自身独具的优点，如税负轻、资金占用少、货物通关快，有利于企业在激烈的国际竞争中降低成本，提高效率。从权利和义务对等的角度来看，海关对加工贸易的管理有别于对其他贸易方式的管理。因此，作为企业的关务人员，首要职责就是了解和掌握加工贸易相关法律法规，以此为依据，在开展加工贸易业务前，判断企业是否符合基本条件；在执行加工贸易合同过程中，判断企业是否守法。守法才能便利，对加工贸易法律法规的无视、轻视或错视必将导致加工贸易业务寸步难行。

本章将分法律、行政法规、部门规章及规范性文件四个层级，对涉及加工贸易的法律法规进行梳理。

1.1 法　　律

与加工贸易有关的法律主要是《中华人民共和国海关法》(以下简称《海关法》)，其中涉及加工贸易管理的规定主要有第三十二条、第三十三条。

第三十二条　经营保税货物的储存、加工、装配、展示、运输、寄售业务和经营免税商店，应当符合海关监管要求，经海关批准，并办理注册手续。

保税货物的转让、转移以及进出保税场所，应当向海关办理有关手续，接受海关监管和查验。

第三十三条　企业从事加工贸易，应当持有关批准文件和加工贸易合同向海关备案，加工贸易制成品单位耗料量由海关按照有关规定核定。

加工贸易制成品应当在规定的期限内复出口。其中使用的进口料件，属于国家规定准予保税的，应当向海关办理核销手续；属于先征收税款的，依法向海关办理退税手续。

加工贸易保税进口料件或者制成品因故转为内销的，海关凭准予内销的批准文件，对保税的进口料件依法征税；属于国家对进口有限制性规定的，还应当向海关提交进口许可证件。

1.2　行政法规

1.2.1　《中华人民共和国海关行政处罚实施条例》

《中华人民共和国海关行政处罚实施条例》（以下简称《海关行政处罚实施条例》）中涉及加工贸易管理的规定主要有第七条、第十八条、第二十三条。

第七条　违反海关法及其他有关法律、行政法规，逃避海关监管，偷逃应纳税款、逃避国家有关进出境的禁止性或者限制性管理，有下列情形之一的，是走私行为：

……

（三）使用伪造、变造的手册、单证、印章、账册、电子数据或者以其他方式逃避海关监管，擅自将海关监管货物、物品、进境的境外运输工具，在境内销售的；

（四）使用伪造、变造的手册、单证、印章、账册、电子数据或者以伪报加工贸易制成品单位耗料量等方式，致使海关监管货物、物品脱离监管的；

……

第十八条　有下列行为之一的，处货物价值5%以上30%以下罚款，有违法所得的，没收违法所得：

……

（三）经营海关监管货物的运输、储存、加工、装配、寄售、展示等业务，有关货物灭失、数量短少或者记录不真实，不能提供正当理由的；

（四）经营保税货物的运输、储存、加工、装配、寄售、展示等业务，不依照规定办理收存、交付、结转、核销等手续，或者中止、延长、变更、转让有关合同不依照规定向海关办理手续的；

（五）未如实向海关申报加工贸易制成品单位耗料量的；

……

第二十三条　有下列行为之一的，予以警告，可以处3万元以下罚款：

……

（二）遗失海关制发的监管单证、手册等凭证，妨碍海关监管的；

……

1.2.2　《中华人民共和国进出口关税条例》

《中华人民共和国进出口关税条例》（以下简称《进出口关税条例》）中涉及加工贸易管理的规定主要有第四十一条。

第四十一条　加工贸易的进口料件按照国家规定保税进口的，其制成品或者进口料件未在规定的期限内出口的，海关按照规定征收进口关税。

加工贸易的进口料件进境时按照国家规定征收进口关税的，其制成品或者进口料件在规定的期限内出口的，海关按照有关规定退还进境时已征收的关税税款。

1.2.3 《国务院办公厅关于转发国家经贸委等部门关于进一步完善加工贸易银行保证金台账制度意见的通知》

除以上两个条例以外，还要特别提到《国务院办公厅关于转发国家经贸委等部门关于进一步完善加工贸易银行保证金台账制度意见的通知》（国办发〔1999〕35 号，以下简称 35 号文）。35 号文勾勒出了加工贸易管理制度的雏形。该文自 1999 年 6 月 1 日执行以来，加工贸易监管领域所出台的相关法律法规无不围绕其所设定的管理思路而行。由于至今未出台条例层级的加工贸易管理法规，因此称 35 号文为加工贸易监管领域的“小母法”亦不为过。

35 号文主要有八个方面内容，尽管在后来的实践中具体内容有所调整，但基本原则没有发生变化。

一、对加工贸易实行按商品分类管理

根据国家产业政策要求，逐步优化加工贸易产品结构，引导加工贸易向高技术、高附加值方向发展。

按商品将加工贸易分禁止类、限制类和允许类。

（一）禁止类是指《中华人民共和国对外贸易法》规定禁止进口的商品，以及海关无法实行保税监管的商品。

（二）限制类是指进口料件属国内外价差大且海关不易监管的敏感商品。

对限制类商品的加工贸易实行银行保证金台账“实转”。即除本文规定的 A 类企业外，其他加工贸易企业进口限制类料件时，海关按应征关税和进口环节增值税税款等值收取保证金，企业在规定的期限内加工出口并办理核销后再将保证金及利息予以退还。

（三）允许类是指除禁止类和限制类以外的其他商品。除本文规定的C类企业外，允许类商品的加工贸易继续实行现行银行保证金台账“空转”制度。

加工贸易分类管理商品目录由国家经贸委会同外经贸部、海关总署确定并适时调整，由外经贸部对外公布。

二、对加工贸易企业实行分类管理

将加工贸易企业分为A、B、C、D四类，A类、C类和D类企业名单由海关总署会同外经贸部确定，由外经贸部对外公布。企业分类名单实行动态管理，适时调整。B类企业不具体列名。

（一）A类企业是指经海关总署批准，实行海关派员驻厂监管或与主管海关实行计算机联网管理并依法开展加工贸易、无走私违规行为的保税工厂，或从事飞机、船舶等特殊行业加工贸易的企业。对A类企业开展的加工贸易进口料件，由海关保税监管，不实行银行保证金台账制度。

保税区内企业开展加工贸易不实行银行保证金台账制度，按《保税区海关监管办法》执行。

（二）B类企业是指依法开展加工贸易、无走私违规行为的企业，继续实行现行的银行保证金台账“空转”制度。

（三）C类企业是指依据外经贸部、海关总署有关规定，经海关认定有违规行为的企业。对C类企业，实行银行保证金台账“实转”。海关对其加工贸易进口料件收取应征进口关税和进口环节增值税税款等值的保证金。

（四）D类企业是指经海关认定有走私行为或有三次以上违规行为的企业。对D类企业，除由海关依法处理外，外经贸主管部门停止其加工贸易经营权；对外商投资企业，外经贸主管部门通知海关暂停其进出口业务一年。

对承接委托加工业务的生产企业的分类原则和管理办法参照本条有关规定执行。

三、银行保证金台账“实转”管理

从事进口料件属限制类商品的加工贸易企业和C类企业，在按规定办理银行保证金台账时，将保证金存入海关在中国银行设立的指定账户。企业在规定的期限内加工出口并办理核销后，中国银行凭海关开具的台账核销通知单办理保证金退还手续，并按活期存款利率付利息。对在合同规定的加工期限内未能出口或经批准转内销的，海关应及时通知中国银行将保证金及利息转为税款和缓税利息。

四、加强异地加工贸易的管理

对跨关区异地加工，加工贸易经营单位和加工生产企业所在地外经贸主管部门与主管海关要加强联系，严格验厂及合同登记备案管理。

以委托加工方式进行的加工贸易，经营单位必须与加工生产企业签订规范的委托加工合同。经营单位不得将保税进口料件转卖给加工生产企业，否则，按《中华人民共和国海关法》有关规定处理。

经营单位委托C类企业加工，由海关对经营单位征收相应数额的保证金后办理合同登记备案。经营单位不得委托D类生产企业加工。

五、严格转厂深加工管理

（一）加工贸易企业以结转的保税产品开展深加工复出口业务，须按商品分类管理的规定，报外经贸主管部门批准后，凭批准文件到海关办理结转手续，海关根据外经贸主管部门的批件对其严格保税监管。

（二）对限制类商品和C类企业需转厂深加工的，由海关按转关运输或计算机联网办法实行监管。不具备转关运输或计算机联网管理条件的，由海关收取与转厂深加工保税产品税款等值的保证金。

（三）转厂深加工上、下游企业之间可比照进出口贸易以外汇结算，并按规定办理进口付汇和出口收汇核销手续。

六、进一步完善税款追缴保障机制

加工贸易企业首次开设保证金台账时，必须提供基本账户账号并出具基本账户开户行的证明。已经设立保证金台账的企业，必须预留基本账户账号。加工贸易企业发生走私违规行为需追缴税款时，由海关向其基本账户开户行开具协助扣款通知书，企业基本账户开户行要依照《中华人民共和国税收征收管理法》有关规定积极履行协助扣划税款的义务。

七、严格控制加工贸易内销行为

加工贸易制成品应复出口，不得滞留国内市场，确有特殊原因需转内销或转用于生产内销产品的，需报经原合同审批机关的上一级外经贸主管部门批准。由海关根据外经贸主管部门的批件，依照国家有关规定对进口料件征收税款并补征税款利息，计息期限为料件申报进口之日起至补征税之日止。进口料件属国家实行进口配额许可证或登记管理的商品，经营单位需向海关提交用于内销或用于生产内销产品的进口许可证或登记证明；在规定的核销期内不能提交，海关除补征税款及税款利息外，并处进口料件案值等值以下30%以上的罚款。未经批准，擅自内销加工贸易保税料件或成品的，按《中华人民共和国海关法》规定处理。

八、制定单耗标准，加强海关核销

由海关总署、国家经贸委会同有关国家工业局制订并分批公布全国统一的加工贸易进口商品单耗定额标准，作为审批、监管核销进口料件数量的依据。外经贸主管部门要严格按单耗标准审批加工贸易合同（包括结转深加工），海关要严格按单耗标准进行核销。

1.3 部门规章

在海关加工贸易监管领域，部门规章是以“海关总署令”的形式出现的。针对海关加工贸易监管的海关部门规章主要有以下七个：

1.《中华人民共和国海关关于异地加工贸易管理办法》（海关总署令第74号）。

2.《中华人民共和国海关关于加工贸易保税货物跨关区深加工结转的管理办法》（海关总署令第109号）。

3.《中华人民共和国海关关于加工贸易边角料、剩余料件、残次品、副产品和受灾保税货物的管理办法》（海关总署令第111号）。

4.《中华人民共和国海关对加工贸易企业实施计算机联网监管办法》（海关总署令第150号）。

5.《中华人民共和国海关加工贸易单耗管理办法》（海关总署令第155号）。

6.《海关总署关于修改〈中华人民共和国海关对加工贸易货物监管办法〉的决定》（海关总署令第168号）。

7.《中华人民共和国海关保税核查办法》（海关总署令第173号）。

除以上七个海关总署令之外，关务人员应了解以下两个海关部门规章：一是《中华人民共和国海关审定进出口货物完税价格办法》（海关总署令第148号），该令第三章对“特殊进口货物的完税价格”进行明确规定，其中包括加工贸易内销货物；二是

《中华人民共和国海关企业分类管理办法》（海关总署令第170号），因为企业类别与加工贸易业务息息相关，所以关务人员应对企业类别的评定方法和程序心中有数。

1.4 规范性文件

在海关加工贸易监管领域，对外发布的规范性文件是以“公告”的形式出现的。以下分三部分对公告进行梳理（未特别标注的，均为海关总署公告）：

1.4.1 有关加工贸易的公告

1.《关于外商提供不作价进口设备的管理问题的公告》(2001年第16号公告)。

2.《关于加工贸易监管中有关问题的公告》（2005年第9号公告)。

3.《关于加工贸易内销货物审价问题的公告》（2005年第33号公告)。

4.《关于执行〈中华人民共和国海关加工贸易企业联网监管办法〉有关问题的公告》（2007年第1号公告)。

5.《关于发布加工贸易单耗管理办法有关问题》（2007年第23号公告)。

6.《关于颁布加工贸易单耗复核程序》（2008年第32号公告)。

7.《关于面向广大中小型企业推广H2000电子手册系统中的有关事项》（2008年第40号公告)。

8.《关于启用“中华人民共和国海关核查证”》（2008年第44号公告)。

9.《关于对部分进口税收优惠政策进行相应调整》（2008年

第 103 号公告）。

10.《关于加工贸易保税货物内销征收缓税利息适用利息率调整》（2009 年第 13 号公告）。

11.《关于加工贸易保税货物内销缓税利息征收及退还》（2009 年第 14 号公告）。

1.4.2 有关加工贸易限制类商品目录的公告

1.《关于公布加工贸易限制类商品目录》（商务部、海关总署 2007 年第 44 号公告）。

2.《关于商务部、海关总署 2007 年第 44 号公告的有关执行问题》（2007 年第 46 号公告）。

3.《关于暂停加工贸易保证金台账“实转”政策》（商务部、海关总署 2008 年第 97 号公告）。

4.《海关总署关于执行加工贸易政策调整有关问题的公告》（2008 年第 87 号公告）。

5.《对加工贸易限制类目录进行调整》（商务部、海关总署 2008 年第 120 号公告）。

1.4.3 有关加工贸易禁止类商品目录的公告

1.《关于修订和增补加工贸易禁止类商品目录》（商务部、海关总署 2008 年第 22 号公告）。

2.《对加工贸易禁止类目录进行调整》（商务部、海关总署 2008 年第 121 号公告）。

以上法律法规均可在海关总署网站（www. customs. gov. cn）的“海关法规”网页上查询到。

2

加工贸易合同备案

JIAGONG MAOYI HETONG BEIAN

我们经常看到，企业焦急地等待着新加工贸易手册（以下简称手册）的“出炉”，一拿到手册，就赶紧去办理加工贸易货物的通关手续。与核销环节相比较，加工贸易合同的备案时间要短很多，企业对备案的重视远不如对核销的重视。手册通关及核销过程中出现的很多问题，往往都是备案时的匆忙和疏漏造成的。“好的开始是成功的一半”，善于建立手册的，才能在之后的通关和核销过程中走得好、走得顺。

本章将分七个部分对备案要点进行阐述。

2.1 备案须知

1. 加工贸易合同备案是行政许可事项，企业和海关都应遵照《中华人民共和国行政许可法》的要求。

2. 经营企业应向加工企业所在地海关申请办理加工贸易合同备案。

3. 企业可通过各主管海关的政务公开网站或宣传栏了解加工贸易合同备案的时限、单证、程序及其他具体要求。

4. 新企业在合同备案前、老企业在增加新产品或发生新情况时，应与主管海关主动沟通，以减少通关和核销过程中不必要的时间和成本耗费。

2.2 规范性申报

1. 备案时，企业应对照《中华人民共和国进出口税则》（以下简称《进出口税则》）条目注释，如实申报加工贸易进出口商品的品名、规格、型号、成分、含量、等级、用途、功能等。

2. 备案时，“商品名称”和“规格型号”两栏应按照《中华人民共和国海关进出口商品规范申报目录》（以下简称《规范申报目录》）中相应商品所列申报要素的各项内容填写。

3.《规范申报目录》随《进出口税则》变化而变化，企业应积极配合海关进行规范申报。

2.3 禁止类商品的备案

加工贸易禁止类商品目录自2005年公布以来，经历了一系列变化：商务部、海关总署、国家环保总局2005年第105号公告—商务部、海关总署、国家环保总局2006年第63号公告—商务部、海关总署、国家环保总局2006年第82号公告—商务部、海关总署、国家环保总局2007年第17号公告—商务部、海关总署2007年第110号公告—商务部、海关总署2008年第22号公告—商务部、海关总署2008年第121号公告。

目前加工贸易禁止类商品目录主要以商务部、海关总署2008年第22号公告为准（商务部、海关总署2008年第121号公告剔除了27个商品编码），过渡期等有关规定仍按原公告执行。

2.3.1 禁止类商品备案须知

1. 注意禁止类商品的禁止方式：进口、出口或进出口。

2. 已列入禁止类商品目录的，除特别标注的以外，都不予备案。

3. 可以备案的，应在备案时向海关提交有关资料。

4. 加工贸易禁止类商品目录中的第84、85章商品均指进口旧机电产品，并且包括零部件、拆散件。

5. 企业应密切关注加工贸易禁止类商品目录的调整。

2.3.2 商务部、海关总署2008年第121号公告

1. 该公告从商务部、海关总署2008年第22号公告中剔除了符合国家产业政策，不属于高耗能、高污染的产品及具有较高技术含量的产品，共计27个10位商品编码（见表2－1）。

表2－1 从加工贸易禁止类目录剔除的商品目录①

序号	商品编码	商品名称	原禁止方式	备注
1	2603000010	铜矿砂及其精矿	进口	仅允许符合条件的特定企业进口,其他仍按禁止类管理
2	2603000090	铜矿砂及其精矿	进口	
3	2604000001	镍矿砂及其精矿（黄金价值部分）	进口	
4	2604000090	镍矿砂及其精矿（非黄金价值部分）	进口	
5	2605000001	钴矿砂及其精矿（黄金价值部分）	进口	
6	2605000090	钴矿砂及其精矿（非黄金价值部分）	进口	
7	2830903000	硫化钴	出口	
8	2843900010	氯化钯	出口	
9	2843900090	其他贵金属化合物	出口	

① 此表系商务部、海关总署2008年第121号公告附件。

续表

序号	商品编码	商品名称	原禁止方式	备注
10	2910300000	1-氯-2,2-环氧丙烷（表氯醇）	出口	仅允许进口甘油、出口环氧氯丙烷，其他仍按禁止类管理
11	3004905910	含濒危动植物成分的中式成药	出口	
12	3214100000	安装玻璃用油灰等；漆工用填料	出口	仅允许环氧树脂出口，其他仍按禁止类管理
13	7403111100	精炼铜的阴极	出口	
14	7403111900	其他精炼铜的阴极	出口	
15	7502100000	未锻轧的非合金镍	出口	
16	7502200000	未锻轧的镍合金	出口	
17	7604101000	非合金制铝条、杆	出口	
18	7604109000	非合金制铝型材、异型材	出口	
19	7604210000	铝合金制空心异型材	出口	
20	7604291010	柱形实心体铝合金	出口	
21	7604291090	其他铝合金制条、杆、其他型材	出口	
22	7605110000	最大截面尺寸 >7mm 的非合金铝丝	出口	
23	7605190000	最大截面尺寸 ≤7mm 的非合金铝丝	出口	

续表

序号	商品编码	商品名称	原禁止方式	备注
24	7605210000	最大截面尺寸 > 7mm 的铝合金丝	出口	
25	7605290000	最大截面尺寸 ≤ 7mm 的铝合金丝	出口	
26	8105209001	钴锍及其他冶炼钴时所得中间产品	出口	
27	8105209010	钴 ≥ 99.5% 的超细钴粉	出口	

2. 与以前的公告相比，该公告作了如下调整：列入加工贸易禁止类进口商品目录的商品，凡用于深加工结转转入，或从具有保税加工功能的海关特殊监管区域内企业经实质性加工后进入区外，不按加工贸易禁止类进口商品管理。列入加工贸易禁止类出口商品目录的商品，凡用于深加工结转转出，或进入具有保税加工功能的海关特殊监管区域内企业用于加工生产，不按加工贸易禁止类出口商品管理。前述商品未经实质性加工不得直接出境。

“实质性加工”的标准，参照《中华人民共和国海关关于执行〈非优惠原产地规则中实质性改变标准〉的规定》（海关总署令第 122 号）执行。

3. 该公告自 2009 年 2 月 1 日起执行。公告附件所列商品，在实施过程中以 2009 年度海关商品编码为准。

2.4 限制类商品的备案

商务部、海关总署 2007 年第 44 号公告出台之后，加工贸易限制类商品大幅增加。此后，商务部、海关总署2008年第97号公告、第120号公告都是在第44号公告的基础上进行调整。因此，对限制类商品的把握应将上述这三个公告联系起来看。

2.4.1 限制类商品备案须知

1. 注意限制类商品的限制方式：进口或出口。

2. 手册涉及备案限制类商品的，会产生“实转”保证金台账。

3. 不同的限制方式对应不同的“实转”保证金计算方式。“实转”保证金由系统自动计算。

4. 企业未如实申报限制类商品名称及商品编码的，将不予备案。

2.4.2 商务部、海关总署2008年第97号公告

1. 该公告规定自2008年12月1日起，暂停商务部、海关总署2007年第44号公告中规定的限制出口类目录的1853个海关编码商品，以及限制进口类目录轻纺类的272个海关编码商品保证金台账“实转”的政策。

2. 商务部、海关总署2007年第44号公告限制进口类目录中的122个海关编码商品（见表2-2）开展加工贸易业务时，东部地区A类企业暂停银行保证金台账“实转”，实行“空转”管理；B类企业实行台账50%“实转”管理；C类企业实行台账100%“实转”管理。西部地区企业仍按照商务部、海关总署2007年第44号公告规定执行，即开展限制类商品加工贸易业务，A类和B类企业实行银行保证金台账“空转”管理；C类企业实行台账100%“实转”管理。

表 2－2 实行保证金台账“实转”的商品清单①

序号	商品编码	商品名称	限制方式
1	0207120000	冻的整只鸡	进口
2	0207141100	冻的带骨鸡块	进口
3	0207141900	冻的不带骨鸡块	进口
4	1507100000	初榨的豆油	进口
5	1507900000	精制的豆油及其分离品	进口
6	1508100000	初榨的花生油	进口
7	1508900000	精制的花生油及其分离品	进口
8	1512110000	初榨的葵花油和红花油	进口
9	1512210000	初榨的棉子油	进口
10	1512290000	精制的棉子油及其分离品	进口
11	1514110000	初榨的低芥子酸菜子油	进口
12	1514190000	其他低芥子酸菜子油	进口
13	1514911000	初榨的非低芥子酸菜子油	进口
14	1514919000	初榨的芥子油	进口
15	1514990000	精制的非低芥子酸菜子油、芥子油	进口
16	1515210000	初榨的玉米油	进口
17	1515500000	芝麻油及其分离品	进口
18	3901100001	初级形状比重＜0.94 的聚乙烯	进口
19	3901100090	初级形状比重＜0.94 的聚乙烯	进口
20	3901200001	初级形状比重≥0.94 的聚乙烯	进口

① 此表系商务部、海关总署 2008 年第 97 号公告附件 1。

续表

序号	商品编码	商品名称	限制方式
21	3901200090	初级形状比重≥0.94 的聚乙烯	进口
22	3907601100	高粘度聚对苯二甲酸乙二酯切片	进口
23	3907601900	其他聚对苯二甲酸乙二酯切片	进口
24	4001100000	天然胶乳	进口
25	4001210000	天然橡胶烟胶片	进口
26	4001220000	技术分类天然橡胶(TSNR)	进口
27	4001290000	其他初级形状的天然橡胶	进口
28	7208100000	轧有花纹的热轧卷材	进口
29	7208250000	厚度≥4.75mm 的其他经酸洗的热轧卷材	进口
30	7208261000	4.75mm>厚度≥3mm 的其他大强度热轧卷材	进口
31	7208269000	其他 4.75mm>厚度≥3mm 的热轧卷材	进口
32	7208271000	厚度<1.5mm 的其他热轧卷材	进口
33	7208279000	1.5mm≤厚度<3mm 的其他热轧卷材	进口
34	7208360000	厚度>10mm 的其他热轧卷材	进口
35	7208370000	10mm≥厚度≥4.75mm 的其他热轧卷材	进口
36	7208381000	4.75mm>厚度≥3mm 的大强度卷材	进口
37	7208389000	4.75mm>厚度≥3mm 的其他卷材	进口
38	7208391000	厚度<1.5mm 的其他热轧卷材	进口
39	7208399000	1.5mm≤厚度<3mm 的其他热轧卷材	进口

续表

序号	商品编码	商品名称	限制方式
40	7208400000	轧有花纹的热轧非卷材	进口
41	7208511000	厚度 >50mm 的其他热轧非卷材	进口
42	7208512000	20mm <厚度≤50mm 的其他热轧非卷材	进口
43	7208519000	10mm <厚度≤20mm 的其他热轧非卷材	进口
44	7208520000	10mm≥厚度≥4.75mm 的热轧非卷材	进口
45	7208531000	4.75mm >厚度≥3mm 大强度热轧非卷材	进口
46	7208539000	4.75mm >厚度≥3mm 的其他热轧非卷材	进口
47	7208541000	厚度 <1.5mm 的热轧非卷材	进口
48	7208549000	1.5mm≤厚度 <3mm 的热轧非卷材	进口
49	7208900000	其他热轧铁或非合金钢宽平板轧材	进口
50	7209151000	厚度≥3mm 的大强度冷轧卷材	进口
51	7209159000	厚度≥3mm 的其他冷轧卷材	进口
52	7209161000	3mm >厚度 >1mm 的大强度冷轧卷材	进口
53	7209169000	3mm >厚度 >1mm 的小强度冷轧卷材	进口
54	7209171000	1mm≥厚度≥0.5mm 的大强度冷轧卷材	进口
55	7209179000	1mm≥厚度≥0.5mm 的小强度冷轧卷材	进口
56	7209181000	厚度 <0.3mm 的非合金钢冷轧卷材	进口

续表

序号	商品编码	商品名称	限制方式
57	7209189000	0.3mm≤厚度<0.5mm的非合金钢冷轧卷材	进口
58	7209250000	厚度≥3mm的冷轧非卷材	进口
59	7209260000	3mm>厚度>1mm的冷轧非卷材	进口
60	7209270000	1mm≥厚度≥0.5mm的冷轧非卷材	进口
61	7209280000	厚度<0.5mm的冷轧非卷材	进口
62	7209900000	其他冷轧铁或非合金钢宽平轧材	进口
63	7210110000	镀(涂)锡的非合金钢厚宽平板轧材	进口
64	7210120000	镀(涂)锡的非合金钢薄宽平板轧材	进口
65	7210200000	镀(涂)铅的铁或非合金钢平板轧材	进口
66	7210410000	镀锌的瓦楞形状的铁或非合金钢宽板材	进口
67	7210490000	镀锌的其他形状的铁或非合金钢宽板材	进口
68	7210500000	镀(涂)氧化铬的铁或非合金钢宽板材	进口
69	7210610000	镀(涂)铝锌合金的铁宽平板轧材	进口
70	7210690000	其他镀(涂)铝的铁宽平板轧材	进口
71	7210700000	涂漆或涂塑的铁或非合金钢宽板材	进口
72	7210900000	镀(涂)其他材料的铁或非合金钢宽板材	进口
73	7211130000	未轧花纹的四面轧制的热轧非卷材	进口
74	7211140000	厚度≥4.75mm的其他热轧板材	进口

续表

序号	商品编码	商品名称	限制方式
75	7211190000	其他热轧铁或非合金钢窄板材	进口
76	7211230000	含碳量低于0.25%的冷轧板材	进口
77	7211290000	其他冷轧铁或非合金钢窄板材	进口
78	7211900000	冷轧的铁或非合金钢其他窄板材	进口
79	7212100000	镀(涂)锡的铁或非合金钢窄板材	进口
80	7212300000	其他镀(涂)锌的铁窄板材	进口
81	7212400000	涂漆或涂塑的铁或非合金钢窄板材	进口
82	7212500000	镀(涂)其他材料铁或非合金钢窄板材	进口
83	7212600000	经包覆的铁或非合金钢窄板材	进口
84	7213100000	铁或非合金钢制热轧盘条	进口
85	7213200000	其他易切削钢制热轧盘条	进口
86	7213910000	圆截面直径<14mm的其他热轧盘条	进口
87	7213990000	其他热轧盘条	进口
88	7214100000	铁或非合金钢制的锻造条、杆	进口
89	7214200000	铁或非合金钢制的热加工条、杆	进口
90	7214300000	易切削钢制的热加工条、杆	进口
91	7214910000	其他矩形截面的条、杆	进口
92	7214990000	其他热加工条、杆	进口
93	7219110000	厚度>10mm的热轧不锈钢卷板	进口

续表

序号	商品编码	商品名称	限制方式
94	7219120000	4.75mm≤厚度≤10mm 的热轧不锈钢卷板	进口
95	7219131200	3mm≤厚度<4.75mm 的未经酸洗的热轧不锈钢卷板	进口
96	7219131900	3mm≤厚度<4.75mm 的未经酸洗的其他热轧不锈钢卷板	进口
97	7219132200	3mm≤厚度<4.75mm 的经酸洗的热轧不锈钢卷板	进口
98	7219132900	3mm≤厚度<4.75mm 的经酸洗的其他热轧不锈钢卷板	进口
99	7219141200	厚度<3mm 的未经酸洗的热轧不锈钢卷板	进口
100	7219141900	厚度<3mm 的未经酸洗的其他热轧不锈钢卷板	进口
101	7219142200	厚度<3mm 的经酸洗的热轧不锈钢卷板	进口
102	7219142900	厚度<3mm 的经酸洗的其他热轧不锈钢卷板	进口
103	7219210000	厚度>10mm 的热轧不锈钢平板	进口
104	7219220000	4.75mm≤厚度≤10mm 的热轧不锈钢平板	进口
105	7219230000	3mm≤厚度<4.75mm 的热轧不锈钢平板	进口
106	7219241000	1mm<厚度<3mm 的热轧不锈钢平板	进口
107	7219242000	0.5mm≤厚度≤1mm 的热轧不锈钢平板	进口

续表

序号	商品编码	商品名称	限制方式
108	7219243000	厚度<0.5mm 的热轧不锈钢平板	进口
109	7219310000	厚度≥4.75mm 的冷轧不锈钢板	进口
110	7219320000	3mm≤厚度<4.75mm 的冷轧不锈钢板材	进口
111	7219330000	1mm<厚度<3mm 的冷轧不锈钢板材	进口
112	7219340000	0.5mm≤厚度≤1mm 的冷轧不锈钢板材	进口
113	7219350000	厚度<0.5mm 的冷轧不锈钢板材	进口
114	7219900000	其他不锈钢冷轧板材	进口
115	7220110000	厚度≥4.75mm 的热轧不锈钢带材	进口
116	7220120000	厚度<4.75mm 的热轧不锈钢带材	进口
117	7220201000	宽度<300mm 的冷轧不锈钢带材	进口
118	7220209000	300mm≤宽度<600mm 的冷轧不锈钢带材	进口
119	7220900000	其他不锈钢带材	进口
120	9504100000	电视电子游戏机(指与电视接收机配套使用的)	进口
121	9504301000	用特定支付方式使其工作的电子游戏机(用硬币、钞票、银行卡、代币或其他支付方式使其工作的)	进口
122	9504901000	其他电子游戏机	进口

3. 该公告还将17个家具类商品从加工贸易限制类目录中剔除（见表2-3）。

表 2－3　家具类商品清单①

序号	商品编码	商品名称
1	9403100000	办公室用金属家具
2	9403200000	其他金属家具
3	9403300090	其他办公室用木家具
4	9403400090	其他厨房用木家具
5	9403501090	其他卧室用红木制家具
6	9403509100	卧室用漆木家具
7	9403509990	卧室用其他木家具
8	9403601090	其他红木制家具
9	9403609100	其他漆木家具
10	9403609990	其他木家具
11	9403700000	塑料家具
12	9403810000	竹制或藤制的家具
13	9403891000	柳条及类似材料制的家具
14	9403892000	石制的家具
15	9403899000	其他材料制的家具
16	9403900010	飞机内厨房家具零件
17	9403900090	其他编号 9403 所列物品的零件

① 此表系商务部、海关总署 2008 年第 97 号公告附件 2。

2.4.3 商务部、海关总署2008年第120号公告

1. 该公告将商务部、海关总署2007年第44号公告限制出口类目录中的部分塑料原料、塑料制品、木制品、纺织品等共计1730个10位商品编码剔除。

2. 调整后的加工贸易限制类目录共计500个商品编码，其中限制进口394个（见表2－4），限制出口106个（见表2－5）。

表2－4 加工贸易限制进口类商品目录①

序号	商品编码	商品名称	限制方式
1	0207120000	冻的整只鸡	进口
2	0207141100	冻的带骨鸡块	进口
3	0207141900	冻的不带骨鸡块	进口
4	1507100000	初榨的豆油	进口
5	1507900000	精制的豆油及其分离品	进口
6	1508100000	初榨的花生油	进口
7	1508900000	精制的花生油及其分离品	进口
8	1511100000	初榨的棕榈油	进口*
9	1511901000	棕榈液油	进口*
10	1511902000	棕榈硬脂	进口*
11	1511909000	其他精制棕榈油	进口*
12	1512110000	初榨的葵花油和红花油	进口
13	1512210000	初榨的棉子油	进口
14	1512290000	精制的棉子油及其分离品	进口
15	1514110000	初榨的低芥子酸菜子油	进口

① 此表系商务部、海关总署2008年第120号公告附件1。

续表

序号	商品编码	商品名称	限制方式
16	1514190000	其他低芥子酸菜子油	进口
17	1514911000	初榨的非低芥子酸菜子油	进口
18	1514919000	初榨的芥子油	进口
19	1514990000	精制的非低芥子酸菜子油、芥子油	进口
20	1515210000	初榨的玉米油	进口
21	1515500000	芝麻油及其分离品	进口
22	1701110001	未加香料或着色剂的甘蔗原糖	进口 *
23	1701110090	未加香料或着色剂的甘蔗原糖	进口 *
24	1701120001	未加香料或着色剂的甜菜原糖	进口 *
25	1701120090	未加香料或着色剂的甜菜原糖	进口 *
26	1701991010	砂糖	进口 *
27	1701991090	砂糖	进口 *
28	1701992001	绵白糖	进口 *
29	1701992090	绵白糖	进口 *
30	3901100001	初级形状比重<0.94 的聚乙烯	进口
31	3901100090	初级形状比重<0.94 的聚乙烯	进口
32	3901200001	初级形状比重≥0.94 的聚乙烯	进口
33	3901200090	初级形状比重≥0.94 的聚乙烯	进口
34	3907601100	高粘度聚对苯二甲酸乙二酯切片	进口
35	3907601900	其他聚对苯二甲酸乙二酯切片	进口
36	4001100000	天然胶乳	进口
37	4001210000	天然橡胶烟胶片	进口

续表

序号	商品编码	商品名称	限制方式
38	4001220000	技术分类天然橡胶(TSNR)	进口
39	4001290000	其他初级形状的天然橡胶	进口
40	5101110001	未梳的含脂剪羊毛	进口 *
41	5101110090	未梳的含脂剪羊毛	进口 *
42	5101190001	未梳的其他含脂羊毛	进口 *
43	5101190090	未梳的其他含脂羊毛	进口 *
44	5101210001	未梳的脱脂剪羊毛(未炭化)	进口 *
45	5101210090	未梳的脱脂剪羊毛(未炭化)	进口 *
46	5101290001	未梳的其他脱脂羊毛(未炭化)	进口 *
47	5101290090	未梳的其他脱脂羊毛(未炭化)	进口 *
48	5101300001	未梳的炭化羊毛	进口 *
49	5101300090	未梳的炭化羊毛	进口 *
50	5103101001	羊毛落毛	进口 *
51	5103101090	羊毛落毛	进口 *
52	5105100001	粗梳羊毛	进口 *
53	5105100090	粗梳羊毛	进口 *
54	5105210001	精梳羊毛片毛	进口 *
55	5105210090	精梳羊毛片毛	进口 *
56	5105290001	羊毛条及其他精梳羊毛	进口 *
57	5105290090	羊毛条及其他精梳羊毛	进口 *
58	5201000001	未梳的棉花	进口 *
59	5201000080	未梳的棉花	进口 *

续表

序号	商品编码	商品名称	限制方式
60	5201000090	未梳的棉花	进口 *
61	5203000001	已梳的棉花	进口 *
62	5203000090	已梳的棉花	进口 *
63	5205110000	非零售粗梳粗支纯棉单纱	进口 *
64	5205120000	非零售粗梳中支纯棉单纱	进口 *
65	5205130000	非零售粗梳细支纯棉单纱	进口 *
66	5205140000	非零售粗梳较细支纯棉单纱	进口 *
67	5205150000	非零售粗梳特细支纯棉单纱	进口 *
68	5205210000	非零售精梳粗支纯棉单纱	进口 *
69	5205220000	非零售精梳中支纯棉单纱	进口 *
70	5205230000	非零售精梳细支纯棉单纱	进口 *
71	5205240000	非零售精梳较细支纯棉单纱	进口 *
72	5205260000	非零售精梳特细支纯棉单纱	进口 *
73	5205270000	非零售精梳超特细支纯棉单纱	进口 *
74	5205280000	非零售精梳微支纯棉单纱	进口 *
75	5205310000	非零售粗梳粗支纯棉多股纱	进口 *
76	5205340000	非零售粗梳较细支纯棉多股纱	进口 *
77	5205350000	非零售粗梳特细支纯棉多股纱	进口 *
78	5205430000	非零售精梳细支纯棉多股纱	进口 *
79	5205460000	非零售精梳特细支纯棉多股纱	进口 *
80	5205470000	非零售精梳超特细支多股纱	进口 *
81	5205480000	非零售精梳微支纯棉多股纱	进口 *

续表

序号	商品编码	商品名称	限制方式
82	5206110000	非零售粗梳粗支混纺棉单纱	进口*
83	5206120000	非零售粗梳中支混纺棉单纱	进口*
84	5206130000	非零售粗梳细支混纺棉单纱	进口*
85	5206140000	非零售粗梳较细支混纺棉单纱	进口*
86	5206150000	非零售粗梳特细支混纺棉单纱	进口*
87	5206210000	非零售精梳粗支混纺棉单纱	进口*
88	5206220000	非零售精梳中支混纺棉单纱	进口*
89	5206230000	非零售精梳细支混纺棉单纱	进口*
90	5206240000	非零售精梳较细支混纺棉单纱	进口*
91	5206250000	非零售精梳特细支混纺棉单纱	进口*
92	5206310000	非零售粗梳粗支混纺棉多股纱或缆线	进口*
93	5206320000	非零售粗梳中支混纺棉多股纱	进口*
94	5206330000	非零售粗梳细支混纺棉多股纱	进口*
95	5206340000	非零售粗梳较细混纺棉多股纱或缆线	进口*
96	5206350000	非零售粗梳特细混纺棉多股纱或缆线	进口*
97	5206410000	非零售精梳粗支混纺棉多股纱	进口*
98	5206420000	非零售精梳中支混纺棉多股纱	进口*
99	5206430000	非零售精梳细支混纺棉多股纱	进口*
100	5206440000	非零售精梳特细支混纺棉多股纱	进口*
101	5206450000	非零售精梳特细混纺棉多股纱	进口*

续表

序号	商品编码	商品名称	限制方式
102	5207100000	供零售用纯棉纱线	进口*
103	5207900000	供零售用混纺棉纱线	进口*
104	5208110010	未漂白的全棉平纹府绸及细平布	进口*
105	5208110020	未漂白的全棉平纹机织平布	进口*
106	5208110030	未漂白的全棉平纹奶酪布	进口*
107	5208110040	未漂白的全棉平纹印染用布	进口*
108	5208110050	未漂白的全棉平纹巴里纱及薄细布	进口*
109	5208110060	未漂白的全棉平纹机织打字布	进口*
110	5208110070	未漂白的全棉医用纱布	进口*
111	5208120010	未漂白的全棉平纹府绸及细平布	进口*
112	5208120020	未漂白的全棉平纹机织平布	进口*
113	5208120030	未漂白的全棉平纹奶酪布	进口*
114	5208120040	未漂白的全棉平纹印染用布	进口*
115	5208120050	未漂白的全棉平纹巴里纱及薄细布	进口*
116	5208130000	未漂白的全棉三、四线斜纹布	进口*
117	5208190010	未漂白的其他全棉机织缎布	进口*
118	5208190020	未漂白的其他全棉机织斜纹布	进口*
119	5208190030	未漂白的其他全棉机织牛津布	进口*
120	5208190090	未漂白的其他全棉机织物	进口*
121	5208210010	漂白的全棉平纹府绸及细平布	进口*
122	5208210020	漂白的全棉平纹机织平布	进口*
123	5208210030	漂白的全棉平纹奶酪布	进口*

续表

序号	商品编码	商品名称	限制方式
124	5208210040	漂白的全棉平纹印染用布	进口*
125	5208210050	漂白的全棉平纹巴里纱及薄细布	进口*
126	5208210060	漂白的全棉医用纱布	进口*
127	5208220010	漂白的全棉平纹府绸及细平布	进口*
128	5208220020	漂白的全棉平纹机织平布	进口*
129	5208220030	漂白的全棉平纹奶酪布	进口*
130	5208220040	漂白的全棉平纹印染用布	进口*
131	5208220050	漂白的全棉巴里纱及薄细布	进口*
132	5208230000	漂白的全棉三、四线斜纹布	进口*
133	5208290010	漂白的其他全棉机织缎布	进口*
134	5208290020	漂白的其他全棉机织斜纹布	进口*
135	5208290030	漂白的其他全棉机织牛津布	进口*
136	5208290090	漂白的其他全棉机织物	进口*
137	5209110010	未漂白的全棉平纹府绸及细平布	进口*
138	5209110020	未漂白的全棉平纹机织平布	进口*
139	5209110030	未漂白的全棉平纹机织帆布	进口*
140	5209120000	未漂白的全棉三、四线斜纹布	进口*
141	5209190010	未漂白的其他全棉机织缎布	进口*
142	5209190020	未漂白的其他全棉机织斜纹布	进口*
143	5209190030	未漂白的其他全棉机织帆布	进口*
144	5209190090	未漂白的其他全棉机织物	进口*
145	5209210010	漂白的全棉平纹府绸及细平布	进口*

续表

序号	商品编码	商品名称	限制方式
146	5209210020	漂白的全棉平纹机织平布	进口*
147	5209210030	漂白的全棉平纹机织帆布	进口*
148	5209220000	漂白的全棉三、四线斜纹布	进口*
149	5209290010	漂白的其他全棉机织缎布	进口*
150	5209290020	漂白的其他全棉机织斜纹布	进口*
151	5209290030	漂白的其他全棉机织帆布	进口*
152	5209290090	漂白的其他全棉机织物	进口*
153	5210110011	未漂白的与聚酯短纤混纺的棉制府绸	进口*
154	5210110012	未漂白的与聚酯短纤混纺的棉机织平布	进口*
155	5210110013	未漂白的与聚酯短纤混纺的棉奶酪布	进口*
156	5210110014	未漂白的与聚酯短纤混纺的棉印染用布	进口*
157	5210110015	未漂白的与聚酯短纤混纺的棉巴里纱	进口*
158	5210110091	未漂白的与其他化纤混纺的棉府绸	进口*
159	5210110092	未漂白的与其他化纤混纺的棉机织平布	进口*
160	5210110093	未漂白的与其他化纤混纺的棉奶酪布	进口*
161	5210110094	未漂白的与其他化纤混纺的棉印染用布	进口*
162	5210110095	未漂白的与其他化纤混纺的棉巴里纱	进口*

续表

序号	商品编码	商品名称	限制方式
163	5210191010	未漂白的与聚酯短纤混纺的三、四线或双面棉斜纹布	进口 *
164	5210191090	未漂白的与其他化纤混纺的三、四线或双面棉斜纹布	进口 *
165	5210199011	其他未漂白的与聚酯短纤混纺的缎布	进口 *
166	5210199012	其他未漂白的与聚酯短纤混纺的斜纹布	进口 *
167	5210199013	其他未漂白的与聚酯短纤混纺的牛津布	进口 *
168	5210199019	其他未漂白的与聚酯短纤混纺的棉布	进口 *
169	5210199091	其他未漂白的与其他化纤混纺的缎布	进口 *
170	5210199092	其他未漂白的与其他化纤混纺的斜纹布	进口 *
171	5210199093	其他未漂白的与其他化纤混纺的牛津布	进口 *
172	5210199099	其他未漂白的与其他化纤混纺的棉布	进口 *
173	5210210011	漂白的与聚酯短纤混纺棉的府绸	进口 *
174	5210210012	漂白的与聚酯短纤混纺的棉机织平布	进口 *
175	5210210013	漂白的与聚酯短纤混纺的棉奶酪布	进口 *
176	5210210014	漂白的与聚酯短纤混纺的棉印染布	进口 *
177	5210210015	漂白的与聚酯短纤混纺的棉巴里纱	进口 *

续表

序号	商品编码	商品名称	限制方式
178	5210210021	漂白的与化纤长丝混纺的棉府绸	进口 *
179	5210210022	漂白的与化纤长丝混纺的棉机织平布	进口 *
180	5210210023	漂白的与化纤长丝混纺的棉奶酪布	进口 *
181	5210210024	漂白的与化纤长丝混纺的棉印染布	进口 *
182	5210210025	漂白的与化纤长丝混纺的棉巴里纱	进口 *
183	5210210091	漂白的与其他化纤混纺的棉府绸	进口 *
184	5210210092	漂白的与其他化纤混纺的棉机织平布	进口 *
185	5210210093	漂白的与其他化纤混纺的棉奶酪布	进口 *
186	5210210094	漂白的与其他化纤混纺的棉印染布	进口 *
187	5210210095	漂白的与其他化纤混纺的棉巴里纱	进口 *
188	5210291010	漂白的与聚酯短纤混纺的三、四线或双面棉斜纹布	进口 *
189	5210291020	漂白的与化纤长丝混纺的三、四线或双面棉斜纹布	进口 *
190	5210291090	漂白的与其他化纤混纺的三、四线或双面棉斜纹布	进口 *
191	5210299011	其他漂白的与聚酯短纤混纺的缎布	进口 *
192	5210299012	其他漂白的与聚酯短纤混纺的斜纹布	进口 *
193	5210299013	其他漂白的与聚酯短纤混纺的牛津布	进口 *
194	5210299019	其他漂白的与聚酯短纤混纺的棉布	进口 *

续表

序号	商品编码	商品名称	限制方式
195	5210299021	其他漂白的与化纤长丝混纺的缎布	进口 *
196	5210299022	其他漂白的与化纤长丝混纺的斜纹布	进口 *
197	5210299023	其他漂白的与化纤长丝混纺的牛津布	进口 *
198	5210299029	其他漂白的与化纤长丝混纺的棉布	进口 *
199	5210299091	其他漂白的与其他化纤混纺的缎布	进口 *
200	5210299092	其他漂白的与其他化纤混纺的斜纹布	进口 *
201	5210299093	其他漂白的与其他化纤混纺的牛津布	进口 *
202	5210299099	其他漂白的与其他化纤混纺的棉布	进口 *
203	5211110011	未漂白的与聚酯短纤混纺的棉府绸	进口 *
204	5211110012	未漂白的与聚酯短纤混纺的棉机织平布	进口 *
205	5211110019	未漂白的与聚酯短纤混纺的棉平纹帆布	进口 *
206	5211110091	未漂白的与其他化纤混纺的棉府绸	进口 *
207	5211110092	未漂白的与其他化纤混纺的棉机织平布	进口 *
208	5211110099	未漂白的与其他化纤混纺的棉平纹帆布	进口 *
209	5211120010	未漂白的与聚酯短纤混纺的斜纹棉布	进口 *

续表

序号	商品编码	商品名称	限制方式
210	5211120090	未漂白的与其他化纤混纺的斜纹棉布	进口 *
211	5211190011	未漂白的与聚酯短纤混纺的其他棉缎布	进口 *
212	5211190012	未漂白的与聚酯短纤混纺的其他棉斜纹布	进口 *
213	5211190013	未漂白的与聚酯短纤混纺的其他棉帆布	进口 *
214	5211190019	未漂白的与聚酯短纤混纺的其他棉布	进口 *
215	5211190091	未漂白的与其他化纤混纺的其他棉缎布	进口 *
216	5211190092	未漂白的与其他化纤混纺的其他棉斜纹布	进口 *
217	5211190093	未漂白的与其他化纤混纺的其他棉帆布	进口 *
218	5211190099	未漂白的与其他化纤混纺的其他棉布	进口 *
219	5211200000	漂白的主要或仅与其他化纤混纺的棉机织布	进口 *
220	5212110011	未漂白的其他混纺棉布	进口 *
221	5212110019	未漂白的其他混纺棉布	进口 *
222	5212110021	未漂白的其他混纺棉布	进口 *
223	5212110029	未漂白的其他混纺棉布	进口 *
224	5212110030	未漂白的其他混纺府绸及细平布	进口 *

续表

序号	商品编码	商品名称	限制方式
225	5212110040	未漂白的其他混纺棉机织平布	进口 *
226	5212110050	未漂白的其他混纺棉印染布	进口 *
227	5212110060	未漂白的其他混纺棉奶酪布、薄细布、巴里纱	进口 *
228	5212110070	未漂白的其他混纺棉缎布	进口 *
229	5212110081	未漂白的其他混纺斜纹棉布	进口 *
230	5212110089	未漂白的其他混纺棉牛津布	进口 *
231	5212110090	未漂白的其他混纺棉布	进口 *
232	5212120011	漂白的其他混纺棉布	进口 *
233	5212120019	漂白的其他混纺棉布	进口 *
234	5212120021	漂白的其他混纺棉布	进口 *
235	5212120029	漂白的其他混纺棉布	进口 *
236	5212120030	漂白的其他混纺府绸及平细布	进口 *
237	5212120040	漂白的其他混纺棉机织平布	进口 *
238	5212120050	漂白的其他混纺棉印染布	进口 *
239	5212120060	漂白的其他混纺棉奶酪布、薄细布、巴里纱	进口 *
240	5212120071	漂白的其他混纺棉缎布	进口 *
241	5212120072	漂白的其他混纺斜纹棉布	进口 *
242	5212120079	漂白的其他混纺棉牛津布	进口 *
243	5212120090	漂白的其他混纺棉机织物	进口 *
244	5212210011	未漂白的其他混纺棉布	进口 *

续表

序号	商品编码	商品名称	限制方式
245	5212210019	未漂白的其他混纺棉布	进口 *
246	5212210021	未漂白的其他混纺棉布	进口 *
247	5212210029	未漂白的其他混纺棉布	进口 *
248	5212210030	未漂白的其他混纺府绸及平细布	进口 *
249	5212210040	未漂白的其他混纺棉机织平布	进口 *
250	5212210050	未漂白的其他混纺棉帆布	进口 *
251	5212210060	未漂白的其他混纺棉缎布	进口 *
252	5212210070	未漂白的其他混纺斜纹棉布	进口 *
253	5212210090	未漂白的其他混纺棉布	进口 *
254	5212220011	漂白的其他混纺棉布	进口 *
255	5212220019	漂白的其他混纺棉布	进口 *
256	5212220021	漂白的其他混纺棉布	进口 *
257	5212220029	漂白的其他混纺棉布	进口 *
258	5212220030	漂白的其他混纺府绸及细平布	进口 *
259	5212220040	漂白的其他混纺棉机织平布	进口 *
260	5212220050	漂白的其他混纺棉帆布	进口 *
261	5212220060	漂白的其他混纺棉缎布	进口 *
262	5212220070	漂白的其他混纺棉斜纹布	进口 *
263	5212220090	漂白的其他混纺棉布	进口 *
264	5402200010	非零售聚酯高强力纱	进口 *
265	5402200020	非零售聚酯高强力纱	进口 *
266	5402200090	非零售聚酯高强力多股纱	进口 *

续表

序号	商品编码	商品名称	限制方式
267	5402331000	非零售聚酯弹力丝	进口 *
268	5402339000	非零售聚酯变形纱线	进口 *
269	5402460000	其他部分定向聚酯单纱	进口 *
270	5402470000	其他聚酯单纱	进口 *
271	5402520000	非零售加捻的其他聚酯纱线	进口 *
272	5402620000	非零售聚酯多股纱线	进口 *
273	5501200000	聚酯长丝丝束	进口 *
274	5501300000	聚丙烯腈长丝丝束	进口 *
275	5502009000	其他人造纤维长丝丝束	进口 *
276	5503200000	未梳的聚酯短纤	进口 *
277	5503300000	未梳的聚丙烯腈短纤维	进口 *
278	5504100000	未梳的粘胶短纤	进口 *
279	5504900000	未梳的其他人造纤维短纤	进口 *
280	5506200000	已梳的聚酯短纤	进口 *
281	5506300000	已梳的聚丙烯腈及其变性短纤	进口 *
282	5507000000	已梳的人造纤维短纤	进口 *
283	5509210000	非零售纯聚酯短纤单纱	进口 *
284	5509220010	非零售聚酯短纤多股纱线或缆线	进口 *
285	5509220090	非零售其他聚酯短纤多股纱线或缆线	进口 *
286	5509310000	非零售纯聚丙烯腈短纤单纱	进口 *
287	5509320000	非零售纯聚丙烯腈短纤多股纱线	进口 *

续表

序号	商品编码	商品名称	限制方式
288	5509510000	非零售与人造纤维短纤混纺的聚酯短纤纱	进口 *
289	5509520000	非零售与毛混纺的聚酯短纤纱线	进口 *
290	5509530000	非零售与棉混纺的聚酯短纤纱线	进口 *
291	5509590000	非零售与其他混纺的聚酯短纤纱线	进口 *
292	5509610000	非零售与毛混纺的腈纶短纤纱线	进口 *
293	5509620000	非零售与棉混纺的腈纶短纤纱线	进口 *
294	5509690000	非零售与其他混纺的腈纶短纤纱线	进口 *
295	5510110000	非零售其他纯人造纤维短纤单纱	进口 *
296	5510120000	非零售其他纯人造纤维短纤多股纱线	进口 *
297	5510200000	非零售与毛混纺的其他人造纤维短纤纱线	进口 *
298	5510300000	非零售与棉混纺的其他人造纤维短纤纱线	进口 *
299	5510900000	非零售与其他混纺的人造纤维短纤纱线	进口 *
300	7208100000	轧有花纹的热轧卷材	进口
301	7208250000	厚度≥4.75mm 的其他经酸洗的热轧卷材	进口
302	7208261000	4.75mm > 厚度 ≥3mm 的其他大强度热轧卷材	进口
303	7208269000	4.75mm > 厚度 ≥3mm 的其他热轧卷材	进口
304	7208271000	厚度 <1.5mm 的其他热轧卷材	进口

续表

序号	商品编码	商品名称	限制方式
305	7208279000	1.5mm≤厚度<3mm 的其他热轧卷材	进口
306	7208360000	厚度>10mm 的其他热轧卷材	进口
307	7208370000	10mm≥厚度≥4.75mm 的其他热轧卷材	进口
308	7208381000	4.75mm>厚度≥3mm 的大强度卷材	进口
309	7208389000	4.75mm>厚度≥3mm 的其他卷材	进口
310	7208391000	厚度<1.5mm 的其他热轧卷材	进口
311	7208399000	1.5mm≤厚度<3mm 的其他热轧卷材	进口
312	7208400000	轧有花纹的热轧非卷材	进口
313	7208511000	厚度>50mm 的其他热轧非卷材	进口
314	7208512000	20mm<厚度≤50mm 的其他热轧非卷材	进口
315	7208519000	10mm<厚度≤20mm 的其他热轧非卷材	进口
316	7208520000	10mm≥厚度≥4.75mm 的热轧非卷材	进口
317	7208531000	4.75mm>厚度≥3mm 的大强度热轧非卷材	进口
318	7208539000	4.75mm>厚度≥3mm 的其他热轧非卷材	进口
319	7208541000	厚度<1.5mm 的热轧非卷材	进口
320	7208549000	1.5≤厚度<3mm 的热轧非卷材	进口
321	7208900000	其他热轧铁或非合金钢宽平板轧材	进口

续表

序号	商品编码	商品名称	限制方式
322	7209151000	厚度≥3mm 的大强度冷轧卷材	进口
323	7209159000	厚度≥3mm 的其他冷轧卷材	进口
324	7209161000	3mm > 厚度 > 1mm 的大强度冷轧卷材	进口
325	7209169000	3mm > 厚度 > 1mm 小强度冷轧卷材	进口
326	7209171000	1mm≥厚度≥0.5mm 的大强度冷轧卷材	进口
327	7209179000	1mm≥厚度≥0.5mm 的小强度冷轧卷材	进口
328	7209181000	厚度 < 0.3mm 的非合金钢冷轧卷材	进口
329	7209189000	0.3mm≤厚度 < 0.5mm 的非合金钢冷轧卷材	进口
330	7209250000	厚度≥3mm 的冷轧非卷材	进口
331	7209260000	3mm > 厚度 > 1mm 的冷轧非卷材	进口
332	7209270000	1mm≥厚度≥0.5mm 的冷轧非卷材	进口
333	7209280000	厚度 < 0.5mm 的冷轧非卷材	进口
334	7209900000	其他冷轧铁或非合金钢宽平轧材	进口
335	7210110000	镀(涂)锡的非合金钢厚宽平板轧材	进口
336	7210120000	镀(涂)锡的非合金钢薄宽平板轧材	进口
337	7210200000	镀(涂)铅的铁或非合金钢平板轧材	进口
338	7210410000	镀锌的瓦楞形铁或非合金钢宽板材	进口
339	7210490000	镀锌的其他形状的铁或非合金钢宽板材	进口
340	7210500000	镀(涂)氧化铬的铁或非合金钢宽板材	进口

续表

序号	商品编码	商品名称	限制方式
341	7210610000	镀(涂)铝锌合金的铁宽平板轧材	进口
342	7210690000	其他镀(涂)铝的铁宽平板轧材	进口
343	7210700000	涂漆或涂塑的铁或非合金钢宽板材	进口
344	7210900000	镀(涂)其他材料的铁或非合金钢宽板材	进口
345	7211130000	未轧花纹的四面轧制的热轧非卷材	进口
346	7211140000	厚度≥4.75mm 的其他热轧板材	进口
347	7211190000	其他热轧铁或非合金钢窄板材	进口
348	7211230000	含碳量低于0.25%的冷轧板材	进口
349	7211290000	其他冷轧铁或非合金钢窄板材	进口
350	7211900000	冷轧的铁或非合金钢其他窄板材	进口
351	7212100000	镀(涂)锡的铁或非合金钢窄板材	进口
352	7212300000	其他镀(涂)锌的铁窄板材	进口
353	7212400000	涂漆或涂塑的铁或非合金钢窄板材	进口
354	7212500000	镀(涂)其他材料的铁或非合金钢窄板材	进口
355	7212600000	经包覆的铁或非合金钢窄板材	进口
356	7213100000	铁或非合金钢制的热轧盘条	进口
357	7213200000	其他易切削钢制的热轧盘条	进口
358	7213910000	圆截面直径<14mm 的其他热轧盘条	进口
359	7213990000	其他热轧盘条	进口
360	7214100000	铁或非合金钢制的锻造条、杆	进口
361	7214200000	铁或非合金钢制的热加工条、杆	进口

续表

序号	商品编码	商品名称	限制方式
362	7214300000	易切削钢制的热加工条、杆	进口
363	7214910000	其他矩形截面的条、杆	进口
364	7214990000	其他热加工条、杆	进口
365	7219110000	厚度 > 10mm 的热轧不锈钢卷板	进口
366	7219120000	4.75mm ≤ 厚度 ≤ 10mm 的热轧不锈钢卷板	进口
367	7219131100	3mm ≤ 厚度 < 4.75mm 的未经酸洗的热轧不锈钢卷板	进口
368	7219131900	3mm ≤ 厚度 < 4.75mm 的未经酸洗的其他热轧不锈钢卷板	进口
369	7219132100	3mm ≤ 厚度 < 4.75mm 的经酸洗的热轧不锈钢卷板	进口
370	7219132900	3mm ≤ 厚度 < 4.75mm 的经酸洗的其他热轧不锈钢卷板	进口
371	7219141100	厚度 < 3mm 的未经酸洗的热轧不锈钢卷板	进口
372	7219141900	厚度 < 3mm 的未经酸洗的其他热轧不锈钢卷板	进口
373	7219142100	厚度 < 3mm 的经酸洗的热轧不锈钢卷板	进口
374	7219142900	厚度 < 3mm 的经酸洗的其他热轧不锈钢卷板	进口
375	7219210000	厚度 > 10mm 的热轧不锈钢平板	进口
376	7219220000	4.75mm ≤ 厚度 ≤ 10mm 的热轧不锈钢平板	进口
377	7219230000	3mm ≤ 厚度 < 4.75mm 的热轧不锈钢平板	进口

续表

序号	商品编码	商品名称	限制方式
378	7219241000	1mm＜厚度＜3mm 的热轧不锈钢平板	进口
379	7219242000	0.5mm≤厚度≤1mm 的热轧不锈钢平板	进口
380	7219243000	厚度＜0.5mm 的热轧不锈钢平板	进口
381	7219310000	厚度≥4.75mm 的冷轧不锈钢板	进口
382	7219320000	3mm≤厚度＜4.75mm 的冷轧不锈钢板材	进口
383	7219330000	1mm＜厚度＜3mm 的冷轧不锈钢板材	进口
384	7219340000	0.5mm≤厚≤1mm 的冷轧不锈钢板材	进口
385	7219350000	厚度＜0.5mm 的冷轧不锈钢板材	进口
386	7219900000	其他不锈钢冷轧板材	进口
387	7220110000	厚度≥4.75mm 的热轧不锈钢带材	进口
388	7220120000	厚度＜4.75mm 的热轧不锈钢带材	进口
389	7220201000	宽度＜300mm 的冷轧不锈钢带材	进口
390	7220209000	300mm≤宽度＜600mm 的冷轧不锈钢带材	进口
391	7220900000	其他不锈钢带材	进口
392	9504100000	电视电子游戏机（指与电视接收机配套使用的）	进口
393	9504301000	用特定支付方式使其工作的电子游戏机（用硬币、钞票、银行卡、代币或其他支付方式使其工作的）	进口
394	9504901000	其他电子游戏机	进口

＊根据商务部、海关总署 2008 年第 97 号公告暂停限制。

表 2－5　加工贸易限制出口类商品目录①

序号	商品编码	商品名称	限制方式
1	3901902000	线型低密度聚乙烯	出口＊
2	3902200000	初级形状的聚异丁烯	出口＊
3	3902900010	端羧基聚丁二烯(CTPB)	出口＊
4	3902900020	端羟基聚丁二烯(HTPB)	出口＊
5	3902900090	其他初级形状的烯烃聚合物	出口＊
6	3903190000	初级形状的其他聚苯乙烯	出口＊
7	3903900000	初级形状的其他苯乙烯聚合物	出口＊
8	3904300000	氯乙烯-乙酸乙烯酯共聚物	出口＊
9	3904400000	初级形状的其他氯乙烯共聚物	出口＊
10	3904500000	初级形状的偏二氯乙烯聚合物	出口＊
11	3904900000	初级形状的其他卤化烯烃聚合物	出口＊
12	3905120000	聚乙酸乙烯酯的水分散体	出口＊
13	3905190000	其他初级形状的聚乙酸乙烯酯	出口＊
14	3905210000	乙酸乙烯酯共聚物的水分散体	出口＊
15	3905290000	其他初级形状的乙酸乙烯酯共聚物	出口＊
16	3905300000	初级形状的聚乙烯醇	出口＊
17	3905990000	其他乙烯酯或乙烯基的聚合物	出口＊
18	3906100000	初级形状的聚甲基丙烯酸甲酯	出口＊
19	3906901000	聚丙烯酰胺	出口＊

① 此表系商务部、海关总署 2008 年第 120 号公告附件 2。

续表

序号	商品编码	商品名称	限制方式
20	3906909000	其他初级形状的丙烯酸聚合物	出口 *
21	3907109000	其他初级形状的聚缩醛	出口 *
22	3907300001	初级形状的环氧树脂	出口 *
23	3907300090	初级形状的环氧树脂	出口 *
24	3907500000	初级形状的醇酸树脂	出口 *
25	3909100000	初级形状的尿素树脂及硫尿树脂	出口 *
26	3909200000	初级形状的蜜胺树脂	出口 *
27	3909309000	其他初级形状的氨基树脂	出口 *
28	3909400000	初级形状的酚醛树脂	出口 *
29	3911100000	初级形状的石油树脂等	出口 *
30	3911900001	芳基酸与芳基胺预缩聚物	出口 *
31	3911900003	改性三羟乙基脲酸酯类预缩聚物	出口 *
32	3911900005	偏苯三酸酐和异氰酸预缩聚物	出口 *
33	3911900090	其他初级形状的多硫化物、聚砜等	出口 *
34	3912110001	未塑化二醋酸纤维素等	出口 *
35	3912110090	初级形状的未塑化醋酸纤维素	出口 *
36	3912120000	初级形状的已塑化醋酸纤维素	出口 *
37	3912200000	初级形状的硝酸纤维素	出口 *
38	3912310000	初级形状的羧甲基纤维素及其盐	出口 *
39	3912390000	初级形状的其他纤维素醚	出口 *
40	3912900000	初级形状的其他未列名的纤维素	出口 *
41	3913100000	初级形状的藻酸及盐和酯	出口 *

续表

序号	商品编码	商品名称	限制方式
42	3913900000	初级形状的其他未列名天然聚合物	出口*
43	3914000000	初级形状的离子交换剂	出口*
44	3915100000	乙烯聚合物的废碎料及下脚料	出口*
45	3915200000	苯乙烯聚合物的废碎料及下脚料	出口*
46	3915300000	氯乙烯聚合物的废碎料及下脚料	出口*
47	3915901000	聚对苯二甲酸乙二酯废碎料及下脚料	出口*
48	3915909000	其他塑料的废碎料及下脚料	出口*
49	4412101911	至少有一表层为濒危非针叶木的薄板胶合板	出口*
50	4415100010	拉敏木制木箱及类似包装容器	出口*
51	4415200010	拉敏木托板、箱形托盘及装载木板	出口*
52	4418100010	拉敏木制木窗、落地窗及其框架	出口*
53	4418200010	拉敏木制的木门及其框架和门槛	出口*
54	4418900010	拉敏木制其他建筑用木工制品	出口*
55	4419009010	拉敏木制的餐具及厨房用具	出口*
56	4420901010	拉敏木制的镶嵌木	出口*
57	4420909010	拉敏木盒子及类似品,非落地木家具	出口*
58	4421901010	拉敏木纡子、筒管、卷轴、线轴及类似品	出口*
59	4421909010	拉敏木制的未列名的木制品	出口*
60	5106100000	非零售用粗梳羊毛纱线	出口*
61	5106200000	非零售用粗梳混纺羊毛纱线	出口*

续表

序号	商品编码	商品名称	限制方式
62	5107100000	非零售用精梳纯羊毛纱线	出口 *
63	5107200000	非零售用精梳混纺羊毛纱线	出口 *
64	5108100090	其他非零售用粗梳动物细毛纱线	出口 *
65	6309000000	旧衣物	出口 *
66	7001000000	废碎玻璃及玻璃块料	出口 *
67	7002100000	未加工的玻璃球	出口 *
68	7002209000	其他未加工的玻璃棒	出口 *
69	7002319000	熔凝石英或熔凝硅石制的其他玻璃管	出口 *
70	7002320000	其他未加工的玻璃管	出口 *
71	7002390001	光通信用微光组建的玻璃毛细管、定位管	出口 *
72	7002390090	未列名、未加工的玻璃管	出口 *
73	7003120000	铸、轧制的着色的非夹丝玻璃板、片	出口 *
74	7003190000	铸、轧制的其他非夹丝玻璃板、片	出口 *
75	7003200000	铸、轧制的夹丝玻璃板、片	出口 *
76	7003300000	铸、轧制的玻璃型材及异型材	出口 *
77	7004200000	拉、吹制的着色玻璃板、片	出口 *
78	7004900001	厚度 <0.7mm 的光学平板玻璃	出口 *
79	7004900090	拉、吹制的其他玻璃板、片	出口 *
80	7005100000	有吸收层的非夹丝浮珐或抛光玻璃板	出口 *
81	7005210000	其他着色的非夹丝浮珐玻璃板、片	出口 *
82	7005290001	浮珐玻璃	出口 *

续表

序号	商品编码	商品名称	限制方式
83	7005290090	其他非夹丝浮珐玻璃板、片	出口 *
84	7005300000	夹丝浮珐玻璃板、片	出口 *
85	7006000000	经其他加工的编号 7003 ~ 7005 的玻璃	出口 *
86	7407100000	精炼铜条、杆、型材及异型材	出口 *
87	7407210000	铜锌合金(黄铜)条、杆、型材及异型材	出口 *
88	7407290000	其他铜合金条、杆、型材及异型材	出口 *
89	7413000000	非绝缘的铜丝绞股线、缆、编带等	出口 *
90	7504001000	非合金镍粉及片状粉末	出口 *
91	7504002000	合金镍粉及片状粉末	出口 *
92	7505110000	纯镍条、杆、型材	出口 *
93	7505120000	合金镍条、杆、型材	出口 *
94	7505210000	纯镍丝	出口 *
95	7505220000	合金镍丝	出口 *
96	7506100000	纯镍板、片、带、箔	出口 *
97	7506200000	镍合金板、片、带、箔	出口 *
98	7804110000	铅片、带及厚度≤0.2mm 的箔	出口 *
99	7804190000	铅及铅合金板	出口 *
100	7804200000	铅及铅合金粉末、片状粉末	出口 *
101	7806001000	铅及铅合金条、杆、丝、型材、异型材	出口 *
102	7904000000	锌及锌合金条、杆、型材、丝	出口 *
103	7905000000	锌板、片、带、箔	出口 *

续表

序号	商品编码	商品名称	限制方式
104	80030000	锡及锡合金条、杆、型材、丝	出口 *
105	8007002000	锡板、片及带,厚度 >0.2mm	出口 *
106	8007003000	锡箔,厚度(衬背除外)≤0.2mm;锡粉及片状粉末	出口 *

* 根据商务部、海关总署 2008 年第 97 号公告暂停限制。

3. 开展限制类商品加工贸易业务，仍按商务部、海关总署 2008 年第 97 号公告有关规定执行。

4. 该公告自 2009 年 2 月 1 日起执行。公告附件所列商品，在实施过程中以 2009 年度海关商品编码为准。

2.5 保证金台账

保证金台账制度的全面实行始于 35 号文，发生转变则源于商务部、海关总署 2007 年第 44 号公告。

2.5.1 保证金台账须知

1. 保证金台账制度的四维结构：备案金额、商品分类、企业分类和企业所在地域。

2. 保证金台账基本形式："空转"、"实转"。

3. 缴纳"实转"保证金的形式：直接资金划扣、银行担保。

4. 目前保证金台账业务均在中国银行办理，海关也只接受中国银行出具的保付保函。

2.5.2 保证金台账编号规则

1. 手册编号 +00：开设台账；

2. 手册编号 +01 -76：变更台账；

3. 手册编号 +77：挂账台账；

4. 手册编号 +99：核销台账。

2.6 消耗性物料

1.《中华人民共和国海关对外商投资企业进出口货物监管和征免税办法》（海关总署令第27号）第十九条规定："消耗性物料是指外商投资企业为履行产品出口合同进口直接用于加工出口产品而在生产过程中消耗掉的、数量合理的触媒剂、催化剂、磨料、燃料等，海关免征进口关税和工商统一税。"

2. 除以上列名的品种可在手册中予以保税备案外，其他一律征税进口。

3 加工贸易核查

JIAGONG MAOYI HECHA

加工贸易企业对海关的核查往往有一种畏惧感，其实大可不必。核查作为整个加工贸易监管链条的一个环节，只是海关加工贸易监管部门的日常工作之一，主要目的是为了及时掌握企业实际情况，规范企业经营管理行为，从而促进企业加工贸易业务的健康发展。所以，企业可以换一个角度、换一种思维看待海关核查，消除畏惧感，真正与海关建立起合作伙伴关系。

本章将分十个部分对核查要点进行阐述。

3.1 对加工贸易企业的基本要求

1. 应当对保税货物和非保税货物统一记账、分别核算。

2. 应当如实记录保税企业的财务状况和有关保税货物的进出口、存储、转移、销售、使用和损耗等情况，如实填写有关单证、账册，凭合法、有效的凭证记账和核算。

3. 应当在保税货物海关监管期限及其后3年内保存上述资料。

3.2 核查须知

1. 核查的对象：对监管期限内的保税加工货物进行验核查证，检查监督保税加工企业保税业务经营行为的真实性、合法性。

2. 核查的范围：自保税加工企业向海关申请办理保税加工业务备案手续之日起至海关对保税加工手册核销结案之日止；或电子账册核销周期起始之日起至其电子底账核销周期核销结束之日止。

3. 核查的人员：应由两名或两名以上海关人员共同实施。

4. 核查的证件：海关核查人员应出示核查证。

5. 核查的方式：实地核查、书面核查。

3.3 核查的种类

1. 通知核查：海关实施核查前，应当通知被核查人。

2. 径行核查：特殊情况下，经海关关长批准，海关可以径行核查。

3. 免于核查：提供经海关认可的中介机构出具的审计报告，并经海关审核认定的，海关可以对被核查人免于实施保税核查。

4. 中介机构参与核查：海关认为必要时，可以委托中介机构参与保税核查。

3.4 核查的项目

海关对保税加工货物进行核查，主要核查以下情况是否与实际相符：

1. 保税加工企业申报的进口料件和出口成品的商品名称、商品编码、规格型号、价格、原产地、数量等。

2. 保税加工企业申报的单耗。

3. 保税加工企业申报的内销保税货物的商品名称、商品编码、规格型号、价格、数量等。

4. 保税加工企业申报的深加工结转及外发加工货物的商品名称、商品编码、规格型号、数量等。

5. 保税加工企业申请放弃的保税货物的商品名称、商品编码、规格型号、数量等。

6. 保税加工企业申报的受灾保税货物的商品名称、商品编码、规格型号、数量、破损程度及价值认定等。

7. 保税加工企业的不作价设备的名称、数量等。

3.5 核查的事项

海关对保税加工企业进行核查，主要核查以下事项：

1. 保税加工企业的厂房、仓库和主要生产设备及法定代表人、主要负责人等企业基本情况与备案资料是否相符。

2. 保税加工企业账册设置是否规范、齐全。

3. 保税加工企业出现分立、合并或者破产等情形的，是否依照规定办理海关手续。

4. 保税加工企业开展深加工结转、外发加工业务的，是否符合海关对深加工结转或者外发加工条件和生产能力的有关规定。

3.6 配合核查

企业应从以下六方面入手，配合海关进行核查：

1. 正确认识。核查只是海关加工贸易监管部门日常监管的一部分。

2. 做好准备。企业关务人员应根据海关核查人员的要求，准备好有关数据、单证，并通知本企业相关人员到场，如财务、仓库、生产人员等。

3. 及时沟通。企业关务人员与海关核查人员在事前、事中、事后都应保持沟通，不懂就问，尤其是一些关键问题，应确保清晰明了。

4. 掌握情况。企业关务人员应主动了解本企业的商品情况、工艺流程等，遇海关核查人员询问，能做到准确回答；如果涉及专业问题，应安排专业人士解答。

5. 如实提供。企业应按海关要求，按时、如实提供海关保税核查需要的有关账簿、单证等纸质资料和电子数据，不得拒绝、拖延、隐瞒。

6. 签字确认。海关在核查过程中提取的有关资料、数据等，应当交由被核查人签字确认；核查结束时，被核查人的有关负责人或者其指定的代表还应当在“海关保税核查工作记录”上签字或者盖章。

3.7 企业在核查中的权利和义务

3.7.1 权利

1. 书面向海关提出为其保守商业秘密的要求，并具体列明需要保密的内容。

2. 要求海关核查人员出示核查证。

3.7.2 义务

1. 被核查人应当接受并配合海关实施保税核查，提供必要的工作条件，如实反映情况，提供海关保税核查需要的有关账簿、单证等纸质资料和电子数据，不得拒绝、拖延、隐瞒。

2. 海关查阅、复制被核查人的有关资料或者进入被核查人的生产经营场所、货物存放场所核查时，被核查人的有关负责人或者其指定的代表应当到场，并按照海关的要求清点账簿、打开货物存放场所、搬移货物或者开启货物包装。

3. 被核查人委托其他机构、人员记账的，被委托人应当与被核查人共同配合海关查阅有关会计资料。

3.8 核查结果的处理

1. 海关应当在保税核查结束后15个工作日内作出保税核查结论，并告知被核查人。

2. 对经核查未发现情况异常的，海关可采取电话告知的形式向被核查人告知核查结论。

3. 对经核查发现情况异常的，海关应用“保税核查处理通知书”书面通知被核查人。

4. 在核查中发现企业有涉嫌走私、违规线索需向缉私部门移交的，海关应在规定的时限内告知企业“有待其他部门作进一步处理”。

3.9 “保税核查处理通知书”

1. “保税核查处理通知书”中列明的处理方式有以下三种：

1）责令补办相关手续，包括补办缴纳税款手续；

2）责令限期改正，即整改；

3）责令按照有关规定提供担保。

2. 企业逾期未按“保税核查处理通知书”的要求办理，海关将对企业和负有直接责任人员依法给予相应处理。

3.10 本章法律法规链接

1.《中华人民共和国海关保税核查办法》（海关总署令第173号）。

2.《关于启用“中华人民共和国海关核查证”》（海关总署2008年第44号公告）。

4 加工贸易核销

JIAGONG MAOYI HEXIAO

核销对于加工贸易企业的重要性是不言而喻的。核销是对一本手册的总结，总结得好不好，直接影响到企业下一本手册的备案和运行。核销可以说是海关加工贸易监管中最有技术含量的工作之一，同时也是企业最为头痛的一个环节。如何把握核销的关键，将核销工作化难为易、化繁为简，将是本章阐述的重点。

4.1 核销须知

核销虽然是行政许可事项，但从法律法规的原义来看，核销更是企业的义务，主要依据如下：

1.《海关法》第三十三条规定："企业使用进口保税料件开展加工贸易的，应当向海关办理核销手续。"

2. 海关总署第168号令第十四条规定："有下列情形之一的，海关不予备案并且书面告知经营企业：……（五）经营企业未在规定期限内向海关报核已到期的加工贸易手册，又向海关申请备案的。"

因此，企业应在规定的期限内，凭规定的单证，按规定的程序向海关办理核销手续。

4.2 核销准备工作

"功夫在诗外"，核销顺利不顺利，关键看准备工作扎实不扎实。准备工作应该从手册一启用时就着手进行，如果等到手册进入报核期再做的话，就会出现很多问题。主要准备工作如下：

1. 保管好每一张手册项下的进出口报关单，并按一定顺序排列。

2. 认真核对每一张报关单所申报商品的项号、数量、计量单位、币制、价格，如有错误，应及时进行删改单。

3. 在规定时限内，完成深加工结转的对账和报关。

4. 在有效期限内、手册报核前，完成余料结转和内销征税的报关。

5. 在有效期限内，完成退运、放弃等相关手续并报关。

6. 掌握手册的有效期限，如果需要办理手册的变更、增补或延期，应在手册有效期内办理。

4.3 核销申报的主要内容

核销申报的主要内容如下：

1. 手册号码。

2. 实际进口额、实际出口额。

3. 报关单的数量：进口、出口。

4. 续本和分册数量。

5. 本手册项下缴税总额：关税、增值税、消费税。

6. 经营企业和加工企业盖章、经办人签字。

7. 进口料件/出口成品备案序号、品名、计量单位、报关单号、数量明细及合计。

8. 每一项成品的单耗、净耗、工艺损耗。

9. 每一项料件的总耗。

10. 每一项料件的工艺损耗和非工艺损耗总量。

4.4 剩余料件的处理方式

通常情况下，一本手册项下进口的料件刚好完成一批成品出口的概率是比较低的，因此核销时不可避免地会遇到如何处理剩余料件的问题。

根据海关总署第111号令的规定，剩余料件是指加工贸易企业在从事加工复出口业务过程中剩余的、可以继续用于加工制成品的加工贸易进口料件。剩余料件主要有以下四种处理方式：

1. 结转。加工贸易企业申请将剩余料件结转到另一个加工贸易合同使用，限同一经营单位、同一加工厂、同样进口料件和同一加工贸易方式。

2. 内销。关于剩余料件内销的相关规定见表4－1。

表4－1 剩余料件内销管理规定对照表

金额 / 项目	金额占该加工贸易合同项下实际进口料件总额3%以内（含3%）、且总值在人民币1万元以下（含1万元）的	金额占该加工贸易合同项下实际进口料件总额3%以上或者总值在人民币1万元以上的
是否需要商务主管部门审批	否	是
是否按照原进口料件品名申报	是	是
是否需要提交许可证件	否	是
是否需要计征缓税利息	是	是

3．退运。由企业按照退运的有关规定办理，主管海关加工贸易监管部门无须出具证明，凭企业退运报关单等有关退运证明材料办理核销手续。

4．放弃。企业因故无法内销或者退运而申请放弃剩余料件的，凭企业放弃该批货物的申请和海关受理企业放弃货物的有关单证，经海关核实无误后办理核销手续。

5

加工贸易单耗管理

JIAGONG MAOYI DANHAO GUANLI

单耗是加工贸易管理的核心。在手册核销环节，海关根据企业申报的单耗，核算耗用在出口成品上的进口保税料件数量，并对该部分料件予以免税核销。由于单耗与加工贸易企业的实际生产情况息息相关，因此企业不能把单耗仅仅与核销相联系，而应从进口保税料件投入生产的那一刻起，就密切关注其实际耗用情况。在企业生产过程中，单耗有所变化是正常的，但是如果企业没有准确地记录和及时地报告这样的变化，就会出现“差之毫厘、谬以千里”的情形，给企业造成不必要的损失。从这个意义上讲，单耗与国家利益和企业利益是紧密相连的。

本章将分十个部分对单耗管理要点进行阐述。

5.1 相关定义

1．单耗，是指加工贸易企业在正常加工条件下加工单位成品所耗用的料件量，单耗包括净耗和工艺损耗。

2．净耗，是指在加工后，料件通过物理变化或者化学反应存在或者转化到单位成品中的量。

3．工艺损耗，是指因加工工艺原因，料件在正常加工过程中除净耗外所必需耗用、但不能存在或者转化到成品中的量，包括有形损耗和无形损耗。

4．工艺损耗率，是指工艺损耗占所耗用料件的百分比。单耗

=净耗/（1-工艺损耗率）。

5.2 不列入工艺损耗范围的情形

海关总署第155号令第十六条规定了六种不列入工艺损耗范围的情形，但是海关总署2007年第23号公告第五条废止了其中的第五种，因此不列入工艺损耗范围的情形共五种：

1. 因突发停电、停水、停气或者其他人为原因造成保税料件、半成品、成品的损耗。

2. 因丢失、破损等原因造成的保税料件、半成品、成品的损耗。

3. 因不可抗力造成保税料件、半成品、成品灭失、损毁或者短少的损耗。

4. 因进口保税料件和出口成品的品质、规格不符合合同要求，造成用料量增加的损耗。

5. 加工过程中消耗性材料的损耗。

5.3 H2000系统在单耗管理方面的调整

H2000系统在单耗管理方面主要作了如下调整：

1. 在手册表头部分增加"单耗申报环节"，包括"备案"、"出口前"、"核销前"，必填项。

2. 在成品对应单耗栏增加"单耗申报状态"，包括"未申报"、"已申报"、"已核定"，必填项。

3. 在成品耗用料件栏增加"非保税料件使用比例"，数值为0~99，必填项。

5.4 单耗备案

单耗备案是根据合同、生产计划或经验所进行的单耗数据的备案。其目的是便于海关控制保税料件进口的合理数量。

加工贸易企业应在加工贸易合同备案环节进行单耗备案。备案工作要点如下：

1. 备案的单耗具有一定的计划性，与实际单耗可能不一致。

2. 必须在合同备案环节明确单耗申报环节。

3. 生产工艺流程简单、产品净耗比较稳定、产品单耗关系不太复杂的企业，可以在合同备案环节一并向海关申报单耗。

4. 涉及单耗标准的，超过单耗标准的部分不予备案。

5.5 单耗申报

1. 单耗申报的原则：企业如实申报，海关据实核销。

2. 单耗申报的环节：

1）常规环节：成品出口、深加工结转或者内销前；

2）鼓励环节：备案时；

3）特殊环节：报核前。

3. 单耗申报的内容：

1）加工贸易项下料件和成品的商品名称、商品编码、计量单位、规格型号和品质；

2）加工贸易项下成品的单耗；

3）加工贸易同一料件有保税和非保税料件的，应当申报非保税料件的比例、商品名称、计量单位、规格型号和品质。

4. 单耗申报的形式：纸质或电子数据形式，使用“中华人民共和国海关加工贸易单耗申报单”。

H2000 系统调整后，企业未按规定申报单耗的，将无法办理通关手续。

5. 报核前申报：企业应提供“加工贸易企业报核前申报单耗申请审批表”及生产工艺流程等材料；经海关同意在报核前申

报单耗的，应留存成品样品或图样、图片。报核前申报的特殊监管区域外企业需同时具备以下条件：

1）因生产工艺原因，无法在成品出口前申报单耗的；

2）企业资信状况良好且海关管理类别为 A 类的；

3）企业内部管理规范，相关资料能保证海关在成品出口后核查、核定单耗的；

4）企业配合海关进行单耗核查、核定的。

6. 单耗变更或撤销：加工贸易企业可以向海关申请办理单耗变更或者撤销手续。但下列情形除外：

1）保税成品已经申报出口的；

2）保税成品已经办理深加工结转的；

3）保税成品已经申请内销的；

4）海关已经对单耗进行核定的；

5）海关已经对加工贸易企业立案调查的。

5.6 单耗质疑

海关对加工贸易企业申报单耗的真实性、准确性有疑问的，应当制发“中华人民共和国海关加工贸易单耗质疑通知书”，将质疑理由书面告知加工贸易企业的法定代表人或者其代理人。

加工贸易企业的法定代表人或者其代理人应当自收到通知书之日起 10 个工作日内，以书面形式向海关提供有关资料。

5.7 单耗核查

海关对企业申报的单耗进行质疑后，企业提供资料不能证明企业如实申报单耗的，海关可先接受企业申报，并进行核查。

单耗核查应符合保税核查有关规定。

5.8 单耗核定

海关对企业申报的单耗进行质疑后，企业不按规定提供资料的，海关不接受企业申报，转而通过单耗核定确定实际单耗。

海关应制发“中华人民共和国海关加工贸易单耗核定通知书”，并告知企业。

海关应在单耗核定工作结束后5个工作日内，制发“中华人民共和国海关单耗核定结论书”，将核定结果以书面形式告知企业。

5.9 单耗复核

加工贸易企业对单耗核定结果有异议的，可以向作出单耗核定海关的上一级海关提出书面复核申请。

企业应当在收到“中华人民共和国海关单耗核定结论书”之日起5个工作日内提出单耗复核申请。

上一级海关应当自收到复核申请后45日内作出复核决定。

5.10 本章法律法规链接

1.《中华人民共和国海关加工贸易单耗管理办法》（海关总署令第155号）。

2.《关于发布加工贸易单耗管理办法有关问题》（海关总署2007年第23号公告）。

3.《关于颁布加工贸易单耗复核程序》（海关总署2008年第32号公告）。

4. 单耗标准：以海关总署公告形式不定期发布。

6 加工贸易项下特殊货物管理

JIAGONG MAOYI XIANGXIA TESHU HUOWU GUANLI

加工贸易项下的特殊货物主要包括边角料、残次品、副产品和受灾保税货物。之所以说其特殊，是因为其虽然是在加工贸易生产过程中产生的，却不具有料件或成品的形态或特征，处理手段和方式也异于料件或成品。同时，随着加工贸易趋于高科技化、精密化、复杂化，对这些特殊货物的判别和处理也越来越困难。尤其需要注意的是，这些货物对企业来说很可能是“废品”、“废物”或“废料”，但目前所有涉及加工贸易的法律法规，都没有以上说法，因此企业应根据海关总署第111号令的相关规定将不同性质的货物分开并分别处置。

6.1 货物性质界定

从概念上来看，加工贸易项下的特殊货物主要有以下几种：

1. 边角料，是指加工贸易企业从事加工复出口业务，在海关核定的单位耗料量内、加工过程中产生的、无法再用于加工该合同项下出口制成品的数量合理的废、碎料及下脚料。

2. 残次品，是指加工贸易企业从事加工复出口业务，在生产过程中产生的有严重缺陷或者达不到出口合同标准，无法复出口的制品，包括完成品和未完成品。

3. 副产品，是指加工贸易企业从事加工复出口业务，在加工生产出口合同规定的制成品（即主产品）过程中同时产生的，且出口合同未规定应当复出口的一个或者一个以上的其他产品。

4. 受灾保税货物，是指加工贸易企业从事加工出口业务过程中，因不可抗力因素或者其他经海关审核认可的正当理由造成灭失、短少、损毁等，导致无法复出口的保税进口料件和制品。

6.2 处理方式

1. 退运。

2. 内销。不同性质特殊货物的内销管理规定也不尽相同，详见表6-1。

表6-1 特殊货物内销管理规定对照表

货物 项目	边角料	副产品	受灾保税货物	
			因不可抗力因素造成的、虽失去原使用价值，但可以再利用的	除不可抗力因素外，加工贸易企业因其他经海关审核认可的正当理由导致的
是否需要商务主管部门审批	否	是	是	是
是否按照报验状态申报	是	是	否	否
是否按照原进口料件品名申报	否	否	是	是
是否需要提交许可证件	否	是	否	是
是否需要计征缓税利息	否	是	是	是

3. 放弃。

6.3 本章法律法规链接

《中华人民共和国海关关于加工贸易边角料、剩余料件、残次品、副产品和受灾保税货物的管理办法》(海关总署令第111号)。

7 不作价设备管理

BUZUOJIA SHEBEI GUANLI

不作价设备是减免税设备的有益补充，也是加工贸易企业降低运营成本的有效手段之一。不作价设备是加工贸易业务中出现较早的分支之一，其与减免税设备一样，主要管理依据都是《国务院关于调整进口设备税收政策的通知》（国发〔1997〕37 号）。因此，2009 年，作为增值税转型改革的配套项目，不作价设备和减免税设备都列入了调整范围。

7.1 概念及范围

概念：不作价设备是指与加工贸易经营单位开展加工贸易（包括来料加工、进料加工及外商投资企业从事的加工贸易）的外商，以免费（不需经营单位付汇进口、也不需用加工费或差价偿还）方式向经营单位提供的加工生产所需设备。

范围：除属于国家明令禁止进口的商品目录和《外商投资项目不予免税的进口商品目录》所列商品外，均可向海关申请办理保税进口。

7.2 政策调整情况

1. 自 2009 年 1 月 1 日起，对按照或者比照《国务院关于调整进口设备税收政策的通知》规定享受进口税收优惠政策的由外商提供、加工贸易企业自用的不作价进口设备及按照合同随上述设备进口的技术及配套件、备件，恢复征收进口环节增值税，但继续免征关税。

2. 对在 2008 年 12 月 31 日及以前已经办理了手册备案，并且在 2009 年 6 月 30 日及以前向海关申报进口的加工贸易外商提供的不作价设备，在符合原有关免税规定范围内继续免征关税和进口环节增值税。

3. 自 2009 年 1 月 1 日起，海关办理不作价设备手册备案或备案变更，一律征收进口环节增值税，在符合原有免税规定范围内继续免征关税。

7.3 进口和使用条件

免税进口和使用外商提供的不作价设备必须符合下列条件之一：

1. 设有独立专门从事加工贸易的工厂或车间，并且不作价设备仅限在该工厂或车间使用。

2. 对未设有独立专门从事加工贸易的工厂或车间、以现有加工生产能力为基础开展加工贸易项目，使用不作价设备的加工生产企业，在加工贸易合同（协议）期限内，其每年加工的产品必须 70% 以上属出口产品。

7.4 备案

1. 企业向当地商务主管部门提出申请。此处须注意，在加工贸易合同（协议）中列明进口不作价设备的条款，即外商以免费方式提供，不需加工贸易经营单位付汇进口、也不需用加工费或差价偿还设备款。

2. 企业持商务主管部门批准的加工贸易合同（协议）、加工贸易业务批件及“加工贸易不作价设备申请备案清单”，向当地主管海关申请办理免税进口备案手续。

3．海关核发不作价设备手册，企业凭此手册办理不作价设备的通关手续。

7.5 进　口

1．企业凭不作价设备手册办理不作价设备的通关手续，在进口环节需缴纳增值税。

2．不作价设备如属于国家实行进口许可证件管理的，可以免于办理。

3．不作价设备如属于旧机电产品，加工贸易企业应向海关提交有关旧机电产品的进口许可证；如属于无线电设备，应提交无线电管理部门的批件。

7.6 管　理

1．不作价设备自进口之日起至退运出口并按海关规定解除监管止，属海关监管货物。

2．不作价设备监管期限为5年，在监管期限内，不得擅自在境内销售、串换、转让、抵押或移作他用。

3．不作价设备在监管期间，加工贸易经营单位要在每年的1月份分别向商务主管部门和主管海关书面报告免税不作价设备使用情况，并接受海关的定期核查。

7.7 核　销

1．监管期限已满的不作价设备的核销，分以下几种情况：

1）将不作价设备退运出境的，企业应及时向海关申请办理解除监管手续；

2）不作价设备不退运出境并向海关申请放弃的，海关可直接为企业办理解除监管手续，并按有关规定对放弃的不作价设备进行处理；

3）不作价设备留在原企业继续使用的，经企业申请海关可解除监管，企业免于办理机电产品进口证件和入境检验检疫手续；

4）不作价设备不再由原企业使用的，按《机电产品进口管理办法》要求办理机电产品进口证件和入境检验检疫手续。

2. 监管期限未满的不作价设备的核销，分以下几种情况：

1）因故终止或解除加工贸易合同的，经原商务主管部门批准后，由主管海关核准，企业可将不作价设备退运出境；

2）不将设备退运出境的，应按照《机电产品进口管理办法》要求办理机电产品进口证件和入境检验检疫手续，海关按设备使用年限折旧后的价值，征收关税和进口环节增值税后办理解除监管手续。

7.8 本章法律法规链接

1. 《国务院关于调整进口设备税收政策的通知》（国发〔1997〕37号）。

2. 《关于加工贸易进口设备有关问题的通知》（〔1998〕外经贸政发第383号）。

3. 《关于外商提供不作价进口设备的管理问题的公告》（海关总署2001年第16号公告）。

4. 《机电产品进口管理办法》（商务部、海关总署、国家质检总局令2008年第5号）。

5. 《关于对部分进口税收优惠政策进行相应调整》（海关总署2008年第103号公告）。

8 内销管理

NEIXIAO GUANLI

内销是加工贸易管理中的重中之重，这一点从内销管理所依据的法律法规层级就可见一斑。擅自内销是任何一家加工贸易企业都绝对不能触摸的高压线，擅自内销者轻则罚款降级，重则追究刑事责任，后果非常严重，加工贸易企业一定要慎之又慎。同时，由于对加工贸易内销货物的价格审定不同于一般贸易货物，企业有必要了解具体流程和相关规定。

8.1 程　　序

1. 企业向原出具“加工贸易业务批准证”的商务主管部门申请内销；若内销商品涉及配额、许可证等特殊管理措施的，仍须按规定报省级商务主管部门或商务部审批。

2. 企业凭“加工贸易保税进口料件内销批准证”、内销料件清单、原进口报关单复印件等向主管海关加工贸易管理部门申请征税内销；若内销商品涉及许可证件的，也应一并提供。

3. 经审核准予内销的，海关签发“加工贸易货物内销征税联系单”并批注相关意见，同时，选择征收缓税利息的适用利率种类为“活期存款”，交企业办理通关手续。

4. 企业凭纸质或电子的“加工贸易货物内销征税联系单”办理通关手续。在填制内销报关单时，企业需在备注栏注明“活期”字样。

5. 海关核对“加工贸易货物内销征税联系单”内容和内销报关单数据内容并确认无误后，按现行有关规定办理内销货物审单、征税、放行等海关手续。

6. 企业凭税单缴纳完税款及缓税利息后，进行实质性内销行为。

8.2 内销须知

1. 加工贸易项下可以转内销的货物既包括进口料件、成品，也包括边角料、残次品、副产品、受灾保税货物等。

2. 加工贸易货物转内销，需按规定计征缓税利息。

3. 加工贸易企业申请内销成品的，需折算成原进口料件进行征税，并同时计征缓税利息。

8.3 内销货物完税价格的确定

1. 进料加工进口料件或者其制成品（包括残次品）内销时，海关以料件原进口成交价格为基础审查确定完税价格。料件原进口成交价格不能确定的，海关以接受内销申报的同时或者大约同时进口的、与料件相同或者类似的货物的进口成交价格为基础审查确定完税价格。

2. 来料加工进口料件或者其制成品（包括残次品）内销时，海关以接受内销申报的同时或者大约同时进口的、与料件相同或者类似的货物的进口成交价格为基础审查确定完税价格。

3. 加工企业内销加工过程中产生的边角料或者副产品，以其内销价格为基础审查确定完税价格 。

4. 加工贸易内销货物的完税价格按照前款规定仍然不能确定的，由海关按照合理的方法审查确定。

8.4 缓税利息所适用的利息率

参照中国人民银行公布的活期存款利率执行，目前为0.36%。

8.5 缓税利息的计算方法

缓税利息根据填发海关税款缴款书时海关总署调整的最新缓税利息率按日征收。计算公式如下：

应征缓税利息＝应征税额×计息期限×缓税利息率/360

8.6 缓税利息计息期限的确定

1. 加工贸易保税料件或制成品经批准内销的：

缓税利息计息期限的起始日期为内销料件或制成品所对应的加工贸易合同项下首批料件进口之日；企业使用加工贸易电子账册的，起始日期为内销料件或制成品所对应电子账册的最近一次核销之日（若没有核销日期的，则为电子账册的首批料件进口之日）。

对上述货物征收缓税利息的终止日期为海关填发税款缴款书之日。

2. 加工贸易保税料件或制成品未经批准擅自内销，违反海关监管规定的：

缓税利息计息期限的起始日期为内销料件或制成品所对应的加工贸易合同项下首批料件进口之日；若内销涉及多份合同，且内销料件或制成品与合同无法一一对应的，则计息的起始日期为最近一份合同项下首批料件进口之日；若为加工贸易电子账册的，则计息的起始日期为内销料件或制成品所对应电子账册的最近一次核销之日（若没有核销日期的，则为电子账册的首批料件进口之日）；按照前述方法仍无法确定计息的起始日期的，则不再征收缓税利息。

违规内销计息的终止日期为保税料件或制成品内销之日。内销之日无法确定的，终止日期为海关发现之日。

加工贸易保税料件或制成品等违规内销的，还应根据《关税条例》的有关规定，按海关总署2004年第39号公告第二条的规定征收滞纳金。

加工贸易保税货物需要后续补税，但海关未按违规处理的，缓税利息计息的起止日期比照上述规定办理。

8.7 本章法律法规链接

1. 《中华人民共和国海关法》。

2. 《中华人民共和国海关审定进出口货物完税价格办法》（海关总署令第148号）。

3. 《海关总署关于修改〈中华人民共和国海关对加工贸易货物监管办法〉的决定》（海关总署令第168号）。

4. 《关于加工贸易内销货物审价问题的公告》（海关总署2005年第33号公告）。

5. 《关于加工贸易保税货物内销征收缓税利息适用利息率调整》（海关总署2009年第13号公告）。

6. 《关于加工贸易保税货物内销缓税利息征收及退还》（海关总署2009年第14号公告）。

9 加工贸易深加工结转

JIAGONG MAOYI SHENJIAGONG JIEZHUAN

根据海关总署第109号令规定，加工贸易保税货物深加工结转，是指加工贸易企业将进口保税料件加工成成品或半成品后不直接出口，而是结转至另一加工贸易企业继续进行保税加工的经营活动。

9.1 深加工结转改革的背景及必要性

多年来我国加工贸易发展持续表现为进出两旺，2008年全国加工贸易进出口总值已达10535.9亿美元，占全国商品进出口总值的41.12%。随着国内加工程度的深化、增值链条的延伸、上下游配套能力的增强及国产料件的采用，我国加工贸易深加工结转业务量飞速增长，对国内产业的示范和带动作用也进一步增强。目前加工贸易深加工结转货值（包括转入和转出）已占加工贸易进出口总值的20%以上。显然，深加工结转货物监管已是加工贸易监管的重要组成部分，是加工贸易监管的重要环节之一，对促进我国经济快速、平稳、高质量发展起着重要作用。但目前纸本作业模式的深加工结转仍存在监管手段相对落后、不能适应企业的快速发展、缺乏信息互通、企业内部管理难以到位、相关业务操作方式陈旧、管理信息滞后等问题，以致海关审核作业制度相对落后，企业结转仍不够便利。因此海关从多方面入手，创新监管手段，进一步深化深加工结转改革，并同步开发了H2000

深加工结转管理系统（以下简称结转系统），以全面提高深加工结转的便利性和监管的有效性。

9.1.1 纸本作业模式深加工结转的基本流程

为适应我国加工贸易持续高速发展，延伸上、下游企业的加工产业链条，促进产品向高附加值发展，2004 年海关总署重新修订了《中华人民共和国海关关于加工贸易保税货物跨关区深加工结转管理办法》，并已于同年 1 月 19 日以海关总署令第 109 号（以下简称 109 号令）对外公布，3 月 1 日正式实施。

目前保税货物纸本作业模式深加工结转的基本流程均按照 109 号令执行，跟以往有关深加工结转管理办法相比，109 号令具有流程相对简化、手续较为简便等特点，其基本流程共分为六个步骤：

1. 转出企业结转计划报备，即“保税货物深加工结转申请表”（以下简称结转申请表）登记备案。

2. 转出企业将经转出地海关审核通过的结转申请表送转入企业继续办理报备手续。

3. 转入企业自转出地海关备案之日起 20 日内向转入地海关报备结转计划。

4. 转入地海关审核通过后，转出企业与转入企业进行结转送货。

5. 收发货后 90 天内转入企业向转入地海关集中申报结转进口（进口报关）。

6. 转入企业报关后 10 天内转出企业向转出地海关集中申报结转出口（出口报关）。

9.1.2 纸本作业模式存在的主要问题

深加工结转现行模式，在简化企业结转手续、提高结转效率、降低物流成本方面取得了明显成效，基本体现了“网上备案，动态监控，分别报关，自动对碰，重点核查”的特点和要求。但在网上备案、动态监控方面，由于缺乏强有力的科技手段支持和信息化保障，其作用还不明显，主要表现为：一是管理手段落后，与深加工结转业务量不相适应。如结转申请表等单证采用手工方式填写，申报数据容易出错，海关不方便统计查询；“保税货物深加工结转收发货单”（以下简称结转收发货单）与“保税货物深加工结转收发货情况登记表”（以下简称结转登记表）重复设置，使单证的填写流于形式，未能发挥应有的作用等。二是信息滞后、管理被动。如报关单数据是企业分批送货后集中申报的数据，办理结关期限为最后送货后90日内，申报期限过长；企业每批货物的送货情况在海关没有“跟踪动态”反馈，海关对实际货物的监管较为被动。三是方便与严密不平衡，形成保税料件移动“空间”相对扩展，造成监管相对困难。109号令的实施降低了企业的运营成本，满足了企业货物快速结转的需求，但由于电子化管理水平低，企业本身和海关对实际送货情况掌握不清楚，容易出现企业超备案量结转、结转不到位等情况。四是监管风险较大。企业报关时限过长，在途货物增加，易导致监管漏洞增多，海关在实际监管方面承担着较大风险，海关监管要求与企业实际运营不相符的矛盾依然突出。

9.1.3 推广应用结转管理系统具有重大的现实意义

在对现行加工贸易深加工结转发展趋势情况进行总结和论证的基础上，海关总署组织开发了H2000深加工结转管理系统（以下简称结转系统），选择“珠三角”和“长三角”一些海关和企业进行运行试点，并取得成功。

结转系统的开发使用标志着加工贸易深加工结转管理改革继续深化，将进一步推进深加工结转监管模式规范化、网络化、审批信息化的进程，对降低企业运营成本、提高经营效率、严密监管，解决深加工结转管理长期存在的“单货分离”和监管链条“断裂”等问题具有现实意义。2008年5月，海关总署下发了《海关总署关于H2000深加工结转管理系统推广使用有关问题的通知》及《海关总署关于H2000深加工结转管理系统推广应用暂行办法》（以下简称《暂行办法》），要求全国各海关自2008年10月1日起，全面推广应用结转系统。目前参加结转系统推广应用的企业按照《暂行办法》的有关规定办理深加工结转手续；暂未使用结转系统办理深加工结转业务的企业仍按109号令的规定办理。待结转系统全面推广后，海关总署将重新修订109号令。

9.2 深加工结转改革的优越性

9.2.1 《暂行办法》与109号令的对比

《暂行办法》相对于109号令，从立法目的和依据、适用范围、管理原则等方面均作了调整，从相应的法规条文便可见一斑。下面通过部分法规条文对二者进行对比：

9.2.1.1 立法目的和依据

《暂行办法》：第一条　为加强和规范海关对深加工结转的管理，配合H2000深加工结转管理系统推广应用工作，根据海关有关法律、行政法规的规定和系统推广应用期间的实际需要，制定本试点暂行办法。

109号令：第一条　为促进加工贸易健康发展，加强和规范海关对加工贸易跨关区深加工结转的管理，根据《中华人民共和国海关法》和有关法律、行政法规的规定，制定本办法。

9.2.1.2 适用范围

《暂行办法》：第二条　本办法适用于参加H2000深加工结转

管理系统推广应用的加工贸易企业（以下简称“企业”）之间的深加工结转。

海关特殊监管区外企业与出口加工区内企业之间开展深加工结转业务的适用本办法。

109号令：第二条　本办法中的加工贸易保税货物跨关区深加工结转是指加工贸易企业将保税进口料件加工的产品转至另一直属海关关区内的加工贸易企业进一步加工后复出口的经营活动（以下简称“结转”）。

9.2.1.3　管理原则

《暂行办法》：第三条　企业开展结转按以下原则进行管理：

（一）转入、转出企业向各自主管海关申报结转备案，经双方主管海关备案后，可以办理实际收发货及报关手续。

（二）海关通过计算机系统对企业申报的数据实行网上备案、审核。

（三）海关对深加工结转货物实施单项统计。

109号令：第三条　加工贸易企业开展结转的，转入、转出企业应当向各自主管海关申报结转计划，经双方主管海关备案后，可以办理实际收发货及报关手续。

海关对加工贸易深加工结转货物实施单项统计。

9.2.1.4　结转申请表

《暂行办法》：第四条　转出、转入企业结转时应向各自主管海关申请《中华人民共和国海关加工贸易保税货物深加工结转申请表》（以下简称《申请表》）电子数据备案。

《申请表》电子数据是指转出、转入企业通过电子口岸录入并向海关成功发送的《申请表》数据；

《申请表》备案是指转出、转入地海关根据企业的申请，核准企业提交的《申请表》电子数据的行为。

（一）一份《申请表》对应一个转出企业和一个转入企业；一份《申请表》对应转出企业一本《加工贸易登记手册》以下简称《手册》（包括联网监管电子账册、电子化手册、纸质手册等电子底账），但可对应转入企业多本《手册》。

（二）结转双方的商品编号前四位原则上必须一致，对商品编码不一致的经海关判定为同一商品的，企业可在转出商品备注栏填写结转备用商品编码，商品编码一致的，海关予以办理；结转商品数量、计量单位应当一致或折算一致。

109号令：第四条　转出、转入企业向海关申报结转计划时应当提交《中华人民共和国海关加工贸易保税货物深加工结转申请表》（以下简称《申请表》，见附件1），并如实填写《申请表》的各项内容。

一份《申请表》只能对应一个转出企业和一个转入企业；一份《申请表》只能对应转出企业一本《加工贸易手册》（包括联网监管电子帐册，以下简称《手册》），但可对应转入企业多本《手册》。结转双方填写的商品编号、数量、计量单位应当一致。

9.2.1.5　计划备案手续

《暂行办法》：第五条　转入、转出企业应当按照以下规定办理结转《申请表》备案手续：

（一）转出企业通过电子口岸录入《申请表》电子数据后向海关申报，并将《申请表》电子口岸统一编号通知转入企业；转入企业通过电子口岸录入相应《申请表》电子数据后向海关申报。

（二）转出地海关审核通过后，转入地海关审核《申请表》；双方主管海关审核通过后，转入、转出企业即可办理结转收发货登记及报关手续。

（三）《申请表》从转入地海关审核通过之日起生效，有效期不能超过对应转出、转入《手册》的有效期，逾期不能收发货和退货；联网监管企业《申请表》与帐册有效期一致。

（四）海关对《申请表》及其具体内容进行暂停处理的，在暂停期间企业不能进行收发货，但《申请表》项下已实际收发货的，允许办理报关手续。

（五）对经海关审核通过后的《申请表》允许对其数量进行变更及增加新结转商品项目。

（六）涉及实行E帐册管理的联网监管企业《申请表》无须报备数量。

109号令：第七条　转入、转出企业应当按照以下规定办理结转计划备案手续：

（一）转出企业在《申请表》（一式四联）中填写本企业的转出计划，凭《申请表》向转出地海关备案；

（二）转出地海关备案后，留存《申请表》第一联，其余三联退转出企业交转入企业；

（三）转入企业自转出地海关备案之日起20日内，持《申请表》其余三联，填写本企业的相关内容后，向转入地海关办理报备手续。转入企业在20日内未递交《申请表》，或者虽向海关递交但因《申请表》的内容不符合海关规定而未获准的，该份《申请表》作废。转出、转入企业应当重新填报和办理备案手续；

（四）转入地海关审核后，将《申请表》第二联留存，第三、第四联交转入、转出企业凭以办理结转收发货登记及报关手续。

9.2.1.6　收发货单

《暂行办法》：第六条　转出、转入企业应当分别在每批实际发货及收货后24小时内录入申报《保税货物深加工结转收发货单》（以下简称《收发货单》）或《保税货物深加工结转退货单》（以下简称《退货单》）电子数据。对实行电子帐册管理的联网监管企业以及与其发生结转业务的企业，应在72小时内申报《收发货单》及《退货单》。

因技术原因导致无法在规定时限内申报《收发货单》及《退货单》的，经主管海关批准，可适当延长申报时限，但最长不超过7天。

24小时、72小时或7天内在同一《申请表》项下发生的多次收、发货可累加成一次录入申报。

企业应核实各《申请表》的收发货情况，确保收发货累计数量不超过对应《手册》的可报关数量。

109号令：第五条　加工贸易企业开展结转的，应当按照海关规定填制《结转货物收发货单》（见附件3，企业按格式自行印制），《结转货物收发货单》应当包括下列内容：

（一）标注“保税结转货物”字样；

（二）列明转出、转入企业名称、商品名称、规格、数量、收发货时间、收发货单编号等内容；

（三）每批次收发货记录加盖经主管海关备案的企业结转专用名章。

9.2.1.7　结转限制条件

《暂行办法》：第八条　申请结转的企业有下列情形之一的，海关不予受理：

（一）不符合海关监管要求，被海关责令限期整改，在整改期内的。

（二）有逾期未报核《手册》的。

（三）未按照本办法规定申报《申请表》、《收发货单》或《退货单》的。

（四）涉嫌走私已被海关立案调查，尚未结案的（经主管海关同意，并已收取风险担保金或保函的涉案企业除外）。

（五）转出或转入企业为D类企业的。

企业《手册》有下列情形之一的，海关对该《手册》的结转申请不予受理：

（一）转出、转入企业相关《手册》已报核或已核销或已结案的。

（二）转出、转入企业《手册》被海关暂停进出口的。

（三）转出、转入《手册》被海关挂账处理的。

109号令：第六条　申请结转的加工贸易企业有下列情形之一的，海关不予受理：

（一）不符合海关监管要求，被海关责令限期整改，在整改期内的；

（二）有逾期未报核《手册》的；

（三）未按照本办法第五条规定填制结转货物收发货单的；

（四）涉嫌走私已被海关立案调查，尚未结案的。

9.2.1.8　实际收发货手续

《暂行办法》：第九条　转出、转入企业办理结转备案手续后，应当按照经双方海关审核通过后的《申请表》进行实际收发货。转入、转出企业的每批次收发货或退货，应按第五条规定时限如实申报《收发货单》或《退货单》电子数据。

109号令：第八条　转出、转入企业办理结转备案手续后，应当按照经双方海关核准后的《申请表》进行实际收发货。转入、转出企业的每批次收发货记录应当在《保税货物实际结转情况登记表》（以下简称《登记表》，见附件2）上进行如实登记，并加盖企业结转专用名章。

结转货物退货的，转入、转出企业应当将实际退货情况在《登记表》中进行登记，同时注明“退货”字样，并加盖企业结转专用名章。

9.2.1.9 结转报关手续

《暂行办法》：第十条 转出、转入企业实际收发货后，应当按照以下规定办理结转报关手续：

（一）转出、转入企业应当分别在转出地、转入地海关办理结转报关手续。转出、转入企业可以根据《申请表》电子数据逐批或者多批次合并办理报关手续。每批结转货物实际收货后，转入企业应当在40日内办理该批货物的申报手续。

（二）转入企业可通过电子口岸查询收货情况，按《申请表》电子数据向转入地海关办理结转进口报关手续，并在结转进口报关单申报后及时将报关情况通知转出企业。

（三）转出企业自转入企业申报结转进口之日起10日内，通过电子口岸查询发货情况，按《申请表》电子数据向转出地海关办理结转出口报关手续。

（四）结转进口、出口报关的申报价格为结转货物的实际成交价格。

（五）《申请表》编号应填入结转进口、出口报关单随附单证的单证编号栏内。

（六）一份结转进口报关单对应一份结转出口报关单，两份报关单之间对应的申报序号、《申请表》编号、价格、数量（或折算后数量）应当一致，报关单所填写的关联《手册》号及关联报关单号应相互对应。

（七）海关无需收取纸质《申请表》，通过计算机自动检查、数据对碰，进行审单作业操作。

（八）结转进口、出口报关手续必须在企业《手册》有效期或核销截止日内办结。

（九）企业超过规定时限申请办理结转报关手续的，海关按照《中华人民共和国海关关于加工贸易保税货物跨关区深加工结转的管理办法》（海关总署令第109号）有关规定处理后，应补办报关手续。

109号令：第九条　转出、转入企业实际收发货后，应当按照以下规定办理结转报关手续：

（一）转出、转入企业应当分别在转出地、转入地海关办理结转报关手续。转出、转入企业可以凭一份《申请表》分批或者集中办理报关手续。转出（入）企业每批实际发（收）货后，应当在90日内办结该批货物的报关手续；

（二）转入企业凭《申请表》、《登记表》等单证向转入地海关办理结转进口报关手续，并在结转进口报关后的第二个工作日内将报关情况通知转出企业；

（三）转出企业自接到转入企业通知之日起10日内，凭《申请表》、《登记表》等单证向转出地海关办理结转出口报关手续；

（四）结转进口、出口报关的申报价格为结转货物的实际成交价格；

（五）一份结转进口报关单对应一份结转出口报关单，两份报关单之间对应的申报序号、商品编号、数量、价格和手册号应当一致；

（六）结转货物分批报关的，企业应当同时提供《申请表》和《登记表》的原件及复印件；

（七）企业超过规定时限申请办理结转报关手续的，海关按照本办法第十二条规定处理后，可以补办有关手续。

9.2.1.10　外汇结算

《暂行办法》：第十一条　结转企业以外汇结算的，海关按照有关规定签发报关单外汇核销证明联。

109号令：第十条　结转企业以外汇结算的，海关按照有关规定签发报关单外汇核销证明联。

9.2.2 深加工结转改革给企业带来的便利

以往的深加工结转模式为企业向海关递交纸质结转计划申请，海关许可后企业实施收发货，企业在进行形式进出口报关时填制结转登记表向海关申报。由于企业必须往来海关办理结转申请表，并与对应企业往返交寄结转申请表，造成企业成本增加。而实际送货情况受结转登记表篇幅所限，同时受制于纸质结转收发货单的形式，也容易出现管理漏洞，进而为海关监管也带来困难。

结转系统启用后将直接由转入、转出企业通过电子口岸平台向主管海关递交深加工结转的行政许可申请（网上申报结转申请表），海关对无须进一步提供资料说明的结转申请表进行网上审批，相关录入资料直接从相应手册数据库中调取，保证数据的准确性，也减少不必要的填制工作；同时明确了企业收发货单及“保税货物深加工结转退货单”（以下简称结转退货单）的法律地位，企业须在规定时限内按收发货的实际情况向海关报备，进一步与企业仓库管理接轨，同时增加了企业内部结转情况的查询功能，使企业对自身结转执行情况一目了然。

9.2.3 深加工结转改革后的业务流程变化

海关对企业通过电子口岸申请备案的结转申请表在结转系统实行网上备案；对企业通过电子口岸录入或导入的结转收发货单或结转退货单实行网上自动登记。企业无须提供纸质结转申请表和结转收发货单、结转退货单，由 H2000 结转子程序进行自动检控、对碰，必要时可调阅相关电子数据。

改革前的深加工结转业务流程如下：

1. 转出企业结转计划报备，即递交纸质结转申请表向海关登记备案。

2. 转出企业将经转出地海关审核通过的结转申请表送转入企业继续办理报备手续。

3. 转入企业自转出地海关备案之日起20日内向转入地海关报备结转计划。

4. 转入地海关审核通过后，转出企业与转入企业进行结转送货。

5. 收发货后90天内转入企业向转入地海关集中申报结转进口（进口报关）。

6. 转入企业报关后10天内转出企业向转出地海关集中申报结转出口（出口报关）。

改革后的深加工结转业务流程如下：

1. 转出企业通过电子口岸录入、申报结转申请表电子数据，并将电子口岸返给的电子口岸统一编号告知转入企业。

2. 转入企业通过电子口岸录入相应的结转申请表电子数据后向海关申报。

3. 转出地海关在H2000系统中对结转申请表进行审核，审核通过后，转入地海关对结转申请表进行审核。

4. 双方海关审核通过后，转出、转入企业进行结转收发货，并在规定时限内将收发货的电子数据向海关报备。

5. 转入企业收货后40天内向转入地海关办理结转进口报关手续。

6. 转出企业自转入企业申报结转进口之日起10日内向转出地海关办理结转出口报关手续。

9.2.4 出口加工区企业出区深加工结转与区外企业的不同之处

出口加工区企业出区深加工结转仍按《中华人民共和国海关出口加工区货物出区深加工结转管理办法》（海关总署令第126

号）执行。但是按照结转系统的设计，目前可以实行电子化作业的出口加工区货物深加工结转业务为：出口加工区内加工企业将产品转入区外加工贸易企业的手册、电子手册或电子账册的部分业务。出口加工区企业只能作为转出方。结转申请表备案、收发货及退货登记均通过结转系统实行网上备案、登记。

与区外深加工结转不同的是：区内深加工结转货物出区及退运入区时，需在 H2000 系统对送货单及退货单进行卡口登记放行操作。

9.3 结转系统的主要内容

9.3.1 结转系统的概念及功能

结转系统是海关对深加工结转申请表实行网上申报审批及对收发货单实行网上登记审核的电子化管理系统。

企业通过电子口岸预录入系统在 H2000 上实现深加工结转申请审批备案和结转收发货单的自动备案，以及相关的逻辑检控、预警、分析、统计、评估等功能。企业可随时通过电子口岸向海关申请深加工结转，并在规定的期限内及时向海关申报收发货情况；海关能够及时掌握企业结转的动态情况，对结转企业、手册、商品开展重点核查。结转系统的预录入系统通过计算机联网的方式，为海关、加工贸易企业、报关行等相关部门提供口岸业务综合服务。通过结转系统，用户可以方便、快捷地办理与深加工结转相关的业务和报关业务。结转系统大大提高了深加工结转的监管和报关通关的工作效率，方便了外网与内网之间的沟通，加强了海关对保税货物的监管力度。

9.3.2 开发使用结转系统的目标

1. 适应经济发展的需要，降低企业运营成本，提高企业经营效率，进一步深化加工增值，延长产业链，促进加工贸易转型升级发展。

2. 规范全国海关深加工结转管理程序，包括对出口加工区的结转管理。统一全国海关对深加工结转的执法尺度，使海关深加工结转管理从纸质单证管理转变为电子数据管理，进一步简化手续，规范管理，提高通关效率。

3. 加强海关风险管理。从信息滞后转变为动态监控，掌握监管的主动性，改变监管的被动局面。及时掌握企业结转的动态情况，解决“单货分离”、监管链条“断裂”等高风险环节问题，及时发现、防范、规避、处置风险。

4. 提高海关服务与管理水平。实现逻辑检控，避免企业因失误等造成的不必要退单，以及在办理结转申请表备案和进出口报关时人为错误导致的不必要麻烦；自动提取手册电子底账，对企业累计收发货数量、已报关数量进行自动检控，使海关对企业、企业与企业之间、企业对自身的结转及收发货情况一目了然，便于完善管理，做到把关与服务的统一。

5. 实现高效运作与严密监管的有机结合。一方面海关通过结转系统的运用，基本实现了对企业结转单证流与物流的有效监管和监控，充分利用科技手段，节省人力资源；另一方面企业通过网上申报，无须往返海关，既方便快捷，又降低通关成本。

9.3.3 结转系统的特点

结转系统利用网络和计算机技术，从方便企业、严密监管和提高工作效率出发，结合海关对加工贸易深加工结转管理的实际情况，在 H2000 上进行开发，通过外部网与 H2000 连接，实现对深加工结转的网络审批、备案、实时监控等。结转系统的主体是申请表联网申报审批备案和收发货单（加工区为实际结转情况登记表，包括收发两类）联网备案登记。结转系统构架是企业按要求通过电子口岸向商务主管部门和海关递交各类申请；电子口岸平台负责提供数据录入的接口规范，向商务主管部门和海关传递企业申报的数据，并向企业反馈审批意见；商务主管部门和海关负责对网络传送数据进行审批、审核、登记、处理。其主要特点如下：

1. 采用网络审批备案，企业无须到商务主管部门、海关办公现场办理审批和备案手续，进一步方便企业，降低企业经营成本。

2. 通过计算机调用转入、转出手册的备案税号、品名、单耗、备案单价、海关价格资料等来辅助审核，取消人工核对作业，提高监管效率。

3. 实行收发货单备案登记制度，改变由企业在纸质申请表中手工自行登记的做法。实行计算机 24 小时备案，海关可实时了解掌握货物流转情况，改变监管信息滞后的被动局面。

4. 收发货情况实时申报，既改变了企业手工任意时间填写、随意修改的做法，也彻底改变了海关了解企业结转情况严重滞后的被动局面。进一步规范企业在收发货事实发生后的填报时间及要求，避免出现收发货后没有及时登记或任意修改的现象。

5. 提供查询收发货及申报记录功能，方便企业掌握相互之间的实际收发货、申报情况。

6. 在公共服务平台上及时提供海关反馈信息、有关政策规定查询等，起到宣传、引导 、规范作用。

9.3.4 结转系统基本作业流程

1. 转出企业通过身份认证后在电子口岸录入需结转的手册成品号，计算机直接调取相应的商品名称、规格型号、商品编码、计量单位等。核对录入数量无误后，转出企业向电子口岸发送相关数据，电子口岸成功接受数据后向转出企业发送电子口岸统一编号回执。

2. 转入企业根据转出企业提供的电子口岸统一编号下载转出方数据，录入转入方结转料件项号，计算机直接调取相应的商品名称、规格型号、商品编码、计量单位等。核对录入数量无误后，转入企业向电子口岸发送相关数据，电子口岸成功接收数据后，计算机自动给结转申请表编号并向 H2000 系统发送数据。

3. 转出地海关对相应的结转申请表电子数据审核通过后，由转入地海关进行审批，转入地海关审批通过后，该结转申请表生效，企业可以进行实际收发货和结转收发货单的网上登记。

4. 企业应在实际收发货规定时限内进行网上结转收发货单的登记；同时对退货的情况，也应在规定时限内进行网上结转退货单的登记。

5. 转出、转入企业分别在转出地、转入地海关办理结转报关手续。

6. 转出、转入企业可以根据结转申请表电子数据逐批或者多批次合并办理报关手续。

7. 转入企业可通过电子口岸查询实际收货情况，按结转申请表电子数据向转入地海关办理结转进口报关手续，并在结转进口报关单申报后及时将报关情况通知转出企业。

8. 转出企业在转入企业申报结转进口后，通过电子口岸查询实际发货情况，按结转申请表电子数据向转出地海关办理结转出口报关手续。系统自动将已报关及未报关的数据核注在相关申请表中，便于海关和企业查询。

9.3.5 结转系统的主要功能模块

结转系统建立以后，结转申请审批备案和收发货数据将从纸质和手工作业转化为电子作业；海关审核将从人工审核转化为电子辅助审核和自动审核；手册、审批表、收发货与申报数据将从人工核对转化为计算机辅助核对；海关掌握的结转信息将从滞后的企业报关单数据拓展为动态的企业收发货数据。结转系统有以下主要功能模块：

9.3.5.1 结转申请表的备案、审核

结转申请表分为一般保税货物深加工结转申请表和出口加工区深加工结转申请表两种。转出、转入企业在电子口岸端申报申请表备案数据，包括申请表的录入、修改、打印、导出、申报、删除、反馈回执、组合查询等功能；海关在H2000系统端审核申请表，包括申请表的自动审核与人工审核、暂停与恢复、清理备份、删除、回执补发送、组合查询等功能。

9.3.5.2 结转收发货单、退货单的申报、核注

企业在电子口岸端申报结转收发货单备案数据，包括录入（导入）、修改、删除、申报、查询等功能。对于转出企业包括发货、撤销发货、收退货等流程，对于转入企业包括收货、退货等流程。海关在H2000系统端对收发货单数据进行自动审核入库，同时将收发货单数据核注到结转申请表中相关手册对应项，并对累计数据项进行核扣处理等。

9.3.5.3 出口加工区卡口管理

海关在H2000系统端进行发货出区卡口登记、退货进区卡口登记、撤销发货卡口登记等操作。

9.3.5.4 报关单的审核、逻辑检查

进出口报关单在电子审结后核注到申请表中，并将相关的商品数量进行核扣，如报进、报出数量应小于等于结转收发货单累计数量，而结转收发货单累计数量应小于等于结转申请表备案进出数量。对不符合逻辑检查条件的进行退单处理。

9.3.5.5 查询功能

企业可通过电子口岸端查询结转申请表、收发货单、退货单的数据清单及它们之间的对应关系等。

海关可通过 H2000 系统端查询结转申请表、收发货单执行情况等；查询结转申请表中某一转出手册中的某项商品与对应转进手册间的实际收发货、退货、申报、未申报数量等；查询某本手册项下所有料件收发货统计情况，包括料件项号、转入转出标志、收发货数量、实际收发货次数、退货次数、已报关数量、已收发货未报关数量等。

9.4 深加工结转常见问题及解答

9.4.1 关于结转申请表备案的问题

9.4.1.1 不同货物的深加工结转操作流程有何区别?

一般保税货物深加工结转操作流程如下：

1. 转出企业在结转申请表转出备案界面录入结转申请表转出方数据，申报成功后入数据中心库。

2. 数据入库成功后，电子口岸将结转申请表的电子口岸统一编号返给转出企业，转出企业将此编号告知转入企业。

3. 转入企业在“备案数据下载”界面根据电子口岸统一编号下载转出企业申报的结转申请表。

4. 转入企业在结转申请表界面根据电子口岸统一编号调出转出企业的结转申请表数据，录入结转申请表转入方数据后向海关申报。

5. 海关接收数据，审批通过后，结转申请表建立，结转双方企业可进行收发货操作。

6. 转出企业进行发货备案，录入发货单并向海关申报。

7. 转出企业发货备案审批通过后，如果需对此发货备案进行撤销操作，则转到“8”，录入发货备案撤销原因，并发送撤销申请，海关审批通过后，撤销成功；如果不需对此发货备案进行撤销操作，则告知转入企业结转收发货单编号，转到“9”。

8. 转入企业接到结转收发货单编号后，可进行收货备案操作，录入收货备案并向海关申报，海关审批通过后，收发货备案完成。

9. 转入企业如需进行退货备案，则录入结转退货单并向海关申报。

10. 转入企业退货备案审批通过后，如果需对此退货备案进行撤销操作，则转到“12”，录入退货备案撤销原因，并发送撤销申请，海关审批通过后，撤销成功；如果不需对此退货备案进行撤销操作，则告知转出企业结转退货单编号，转到“13”。

11. 转出企业接到结转退货单编号后，可进行收退货备案操作，录入收退货备案并向海关申报，海关审批通过后，退货备案完成。

12. 转出、转入企业申报报关单，报关单放行后，收发货操作完成。

对于出口加工区货物深加工结转，区内企业只能作为转出方，其操作流程如下：

1. 转出企业在结转申请表转出备案界面录入结转申请表转出方数据，申报成功后入数据中心库。

2. 数据入库成功后，电子口岸将结转申请表的电子口岸统一编号返给转出企业，转出企业将此编号告知转入企业。

3. 转入企业在“备案数据下载”界面根据电子口岸统一编号下载转出企业申报的结转申请表。

4. 转入企业在结转申请表界面根据电子口岸统一编号调出转

出企业的申请表数据，并录入结转申请表转入方数据后向海关申报。

5. 海关接收数据，审批通过后，结转申请表建立，结转企业可进行收发货操作。

6. 转出企业进行发货备案，录入发货单并向海关申报。

7. 转出企业发货备案审批通过后，如果需对此发货备案进行撤销操作，则转到“8”（具体操作流程见下述第8点）；如果不需对此发货备案进行撤销操作，则在卡口放行后则告知转入企业结转收发货单编号，转到“9”。

8. 发货备案在出口加工区的卡口放行前和卡口放行后，均可进行撤销操作，转出企业录入发货备案撤销原因，并发送撤销申请，海关审批通过后，撤销成功。

9. 转入企业接到结转收发货单编号后，可进行收货备案操作，录入收货备案并向海关申报，海关审批通过后，收发货备案完成。

10. 转入企业如需进行退货备案，则录入退货单并向海关申报。

11. 转入企业退货备案审批通过后，如果需对此退货备案进行撤销操作，则转到“12”，录入退货备案撤销原因，并发送撤销申请，海关审批通过后，撤销成功；如果不需对此退货备案进行撤销操作，则通知转出企业结转退货单编号，转到“13”。

12. 转出企业接到结转退货单编号后，可进行收退货备案操作，录入收退货备案并向海关申报，海关审批通过，出口加工区卡口放行后，退货备案完成。

13. 转出、转入企业申报报关单，报关单放行后，收发货操作完成。

9.4.1.2 深加工结转申请表网上备案、登记程序与纸质结转申请表有什么不同?

纸质结转申请表的报备程序：转出企业先填写需结转的商品向转出地海关办理结转申请，经海关同意后将申请表交转入企业向转入地海关办理转入审批确认，也就是转出、转入企业分别向海关办理结转申请。

电子结转申请表的报备程序：电子口岸同时将转出、转入企业的结转申请表数据发送至海关内网，海关分别审批，转出、转入地海关均能在审批时看到结转双方的结转数据。操作程序：转出企业向电子口岸发送结转申请表，电脑自动生成电子口岸统一编号，转出企业将结转申请表电子口岸统一编号告知转入企业，转入企业将相关的转入数据填入结转申请表中并向海关发送，等待海关审批。

9.4.1.3 结转申请表备案有哪些注意事项?

结转申请表备案有以下注意事项：

1. 转出企业通过电子口岸录入结转申请表电子数据后，将该份结转申请表的预录入号告知转入企业，转入企业通过电子口岸调取相应结转申请表继续录入相关电子数据，并检查双方企业所录数据是否统一、合理。

2. 申报企业修改结转申请表备案预录入数据，必须符合以下条件：

1）数据保存后未提交申报，即处于备案预录入状态；

2）申报后海关计算机自动审核或人工审核退单，即处于备案退单状态。

3. 企业对结转申请表预录入数据作删除处理，必须符合以下条件：

1）保税货物转出预录入数据保存后未提交申报；

2）结转双方的预录入数据均未经海关审核通过。

4. 结转申请表有效期最长为180天，但不能超过对应转出结转手册的有效期，有效期从转入地海关审核通过并生效之日起算，逾期不能收发货。

5. 结转申请表经海关审核通过允许变更，其变更逻辑与手册备案的变更逻辑基本相同。

6. 一份结转申请表只能对应一个转出企业和一个转入企业；一份结转申请表只能对应转出企业的一本手册（包括联网监管电子账册和电子手册），但可对应转入企业的多本手册。

7. 结转双方填写的商品编码前4位必须一致，数量、计量单位应当一致或折算一致。

9.4.1.4 企业申报计量单位不一致而法定计量单位一致可以结转吗？

可以。但必须比对手册中的比例关系（因子），并经折算确定法定单位对应的数量一致。申报计量单位与法定计量单位都不一致的不能结转。

9.4.1.5 同一商品结转，双方主管海关对商品编码认定不一致时如何办理结转手续？

应遵循“转入为主、转出协调、多备成品项”的原则来解决。以转入地海关归类为准，转出地海关应要求转出企业协调转入企业，规范双方商品编码；转入、转出企业可采取变更或增加“手册”成品项使商品编码达成一致后办理结转手续。

当转出地海关对转入地海关的商品归类提出异议时，经双方海关协商仍不能达成一致的，由转入地海关搜集有关资料报归类分中心确定，按归类分中心意见办理。

9.4.1.6 涉及电子账册或电子手册料件归并关系的，在结转申请表和收发货单中如何录入？

涉及电子账册或电子手册料件归并关系的，在结转申请表和结转收发货单中既可直接录入归并前的料号，也可录入对应料件或成品的项号。

9.4.1.7 如何对申请表进行暂停、恢复？

海关根据实际需要，须暂停企业收发货的，可利用结转系统中的“暂停申请表”功能停止结转申请表的收发货。

申请表的暂停、恢复，即对申请表置相应标志，并实行权限控制，只能由拥有较高权限的海关关员进行操作。

暂停及恢复的处理原则为哪方暂停就只能由哪方进行恢复操作。如转出方暂停，则任何一方都不能继续进行收发货登记；如转入方暂停，则被暂停的转入方表体所涉及的相应内容不能继续进行收发货登记。

海关关员可对整个申请表、转入表体、转出表体分别进行暂停处理，也可以暂停转入、转出表体中的某一项，且只能恢复已经被暂停的数据。

9.4.1.8 海关对申请表作删除处理须具备哪些条件？

对转出地海关审核通过而转入地海关尚未办理审核手续的结转申请表，转出地海关可以对其作逻辑删除处理，但必须符合以下条件：

1. 保税货物结转转出数据已审核通过，但转入数据未通过海关审核的，可以由转出地海关删除。

2. 出口加工区货物结转转入数据已审核通过，但转出数据未经审核的，可以由转入地海关删除。

3. 海关关员必须将删除原因及删除人、删除时间等记录在执行删除操作一方的批注字段中。

9.4.1.9 海关在什么情况下不受理结转申请表备案?

申请结转的企业有下列情形之一的，海关不予受理：

1. 不符合海关监管要求，被海关责令限期整改，在整改期内的。

2. 有逾期未报核手册的。

3. 未按规定申报结转申请表、结转收发货单或结转退货单的。

4. 涉嫌走私已被海关立案调查，尚未结案的（经主管海关同意，并已收取风险担保金或保函的涉案企业除外）。

5. 转出或转入企业为 D 类企业的。

企业手册有下列情形之一的，海关对该手册的结转申请不予受理：

1. 转出、转入企业相关手册已报核、已核销或已结案的。

2. 转出、转入企业手册被海关暂停进出口的。

3. 转出、转入企业手册被海关挂账处理的。

9.4.1.10 转出企业在录入转出申请表时需填写哪些基本信息?

转出企业在录入转出申请表时需填写以下基本信息：

1. 申报地海关：填写 4 位关区代码。预录入时可为空。

2. 申请表编号：填写 12 位编号。预录入时显示为空，备案通过后由系统自动生成。编号规则：1 位申请表类型（X 代表手册/电子账册/电子手册申请表，P 代表出口加工区电子账册申请表）+2 位年份 +9 位顺序号。

3. 电子口岸统一编号：填写 18 位编号。申请表转出数据预录入完毕并成功发送至电子口岸后自动生成。该编号必须由转出企业告知转入企业。

4. 申请表类型：必填项。分为两种，即“保税货物深加工结转”和“出口加工区货物深加工结转”。

5. 企业合同号：由转出企业按实际情况填写，最长 20 个字符。结转双方合同号应相同，可为空。

6. 转出企业代码/名称：必填项。填写 10 位企业代码。预录入时系统自动检索中文名称。

7. 转出地：必填项。填写 5 位地区代码。预录入时系统自动检索中文名称。

8. 转入企业代码/名称：必填项。填写 10 位企业代码。预录入时系统自动检索中文名称。

9. 目的地：必填项。填写 5 位地区代码。预录入时系统自动检索中文名称。

10. 转出地海关：必填项。填写 4 位关区代码。

11. 转出手册/账册编号：必填项。填写 12 位加工贸易手册、电子手册或电子账册编号，须为 B、C 类手册，E 型电子账册或出口加工区 H 型账册。出口加工区 H 型账册编号第 6 位不得为 D。

12. 转出企业内部编号：必填项。转出企业内部自行编号，最长 20 个字符，但同一企业内部编号不得重复。

13. 转出企业批准证编号：必填项。商务主管部门批准证编号，最长 20 个字符。预录入时默认显示“人工审批”，可按实际编号填写。

14. 转出申报企业：必填项。填写 10 位企业代码，为转出申请表数据预录入并向海关申报的单位。预录入时系统自动检索中文名称。

15. 转出申报日期：自动置入预录入数据申报后成功进入电子口岸数据库的当天日期。预录入时显示为空，不可手工更改。

16. 送货距离（千米）：预计送货距离。可为空。

17. 预计运输耗时（天）：预计运输所需天数。可为空。

18. 转出企业申报人及联系电话：申报人姓名及联系电话。最长20个字符，可为空。

19. 转出企业法人及联系电话：企业法人代表姓名及联系电话。最长64个字符，可为空。

20. 备注：其他需要向海关说明的事项。最长128个字符(64个汉字)。可为空。

9.4.1.11 转出企业在录入转出申请表时应填写哪些商品明细信息？

转出企业在录入转出申请表时应填写以下商品明细信息：

1. 序号：自动按自然数从1开始编号，商品数不限。当申请表数据处于未申报或退单修改状态时，可手工删除整项数据记录，并自动重新按顺序编号。

2. 转出手册号/账册号：系统默认与基本信息的“转出手册/账册号”相同。

3. 商品项号：必填项。转出手册/账册中的商品项号。转出与转入商品数可以不一致，同一商品项号在申请表中允许重复录入。

4. 商品编码：必填项（自动生成）。在填写商品项号后，自动从转出手册/账册中读取商品编码，不允许更改。

5. 商品名称：必填项（自动生成）。在填写商品项号后，自动从转出手册/账册中读取商品名称，不允许更改。

6. 规格型号：必填项（自动生成）。在填写商品项号后，自动从转出手册/账册中读取规格型号，不允许更改。

7. 申报计量单位：必填项（自动生成）。在填写商品项号后，自动从转出手册/账册中读取申报计量单位，不允许更改。

8. 申报数量：非必填项。转出商品备案数量，不允许为0。当预录入数据处于未申报或退单修改状态时，可手工更改。

9. 法定计量单位：必填项（自动生成）。根据商品编码，自动读取综合分类表中的法定计量单位，以中文显示，不可手工更改。

10. 法定数量：可为空。

11. 备注：其他需要向海关说明的事项。最长128个字符（64个汉字）。可为空。

9.4.1.12　转入企业在录入转入申请表时需填写哪些基本信息？

转入企业在录入转入申请表时需填写以下基本信息：

1. 电子口岸统一编号：18位编号。申请表转出数据预录入完毕并成功发送至电子口岸后自动生成。转入企业必须录入该编号调阅转出数据并录入转入数据。

2. 其他：转入企业内部编号、转入地海关、转入申报企业、转入企业批准证编号、转入企业申报人及其联系电话、转入申报日期、转入企业法人及其联系电话、备注等。填制规范同转出申请表。

9.4.1.13　转入企业在录入转入申请表时应填写哪些商品明细信息？

转入企业在录入转入申请表时应填写以下商品明细信息：

1. 转入手册/账册号：必填项。必须为B、C类手册或E型电子账册。可填写多本转入手册/账册。

2. 转出序号：必填项。申请表转出商品明细中对应的商品"序号"。申请表结转双方商品项，必须相互都有关联，不允许出现无关联转出项的转入项或无关联转入项的转出项。

3. 其他：转入序号、商品项号、商品编码、商品名称、规格型号、申报单位、申报数量、法定单位、法定数量、备注等。填制规范同转出申请表。

9.4.1.14 结转申请表状态说明的内容有哪些？

企业在查询结果列表选中一条数据，点击“查看回执”，可查询到本企业该票数据的当前状态。

查询结果列表框显示查询结果数据，主要包括企业内部编号、电子口岸统一编号、申请表编号、转出企业名称、转入企业名称、转出状态、转入状态等基本信息。

企业可根据数据的状态来进行相应的操作，状态说明的具体内容如下：

1. 暂存：数据暂存在企业端，并没有向海关申报数据。

2. 数据申报成功：是指数据向海关申报，并没有向数据中心发送。

3. 入数据中心库失败：是指企业申报的数据被数据中心退单。

4. 成功入数据中心库：是指企业申报的数据成功发往数据中心，生成电子口岸统一编号。

5. 成功发往海关：是指企业申报的数据由数据中心向海关转发成功。

6. 成功入海关库：是指企业申报的数据向海关申报成功，海关审批系统将返给企业申报表预录入号，在申请表编号中显示，请企业等待海关关员审批数据。

7. 退单：是指企业申报的数据不符合要求，被海关退单或被海关审批系统自动审核退单。

8. 审批通过：是指企业申报的数据获海关审批通过。

9.4.2 企业收发货、退货及撤销发货、撤销退货的操作问题

9.4.2.1 结转系统为结转收发货单申报提供什么功能？

在结转系统中，结转收发货单申报由转入、转出企业在海关

审批同意的申请表项下分别进行发货和收货情况的申报；对实际收货后因质量不合格等原因的允许退货；对转出企业在发货申报后货物未实际送达转入企业的允许其撤销相应批次的送货申报。

9.4.2.2 结转收发货单应在什么时候向海关申报？

转出企业填写发货单申报后，电脑自动生成收发货单编号。转出企业将结转收发货单编号告知转入企业，转入企业进行收货申报。

原则上企业须按每天的收发货实际情况逐单向海关申报，转出企业应在货物实际离厂后24小时内（联网监管电子账册企业在72小时内）申报；转入企业应在货物实际送达后24小时内（联网监管电子账册企业在72小时内）申报。

考虑到一些大型企业每天的收发货量较大，逐单申报存在一定的困难，允许24小时内（联网监管电子账册企业在72小时内）在同一结转申请表项下发生多次收、发货的大型企业累加成一次录入申报。

9.4.2.3 结转收发货单可通过什么途径来申报？

企业通过互联网登陆电子口岸平台，通过自身的身份认证后，录入本次收发货的对应结转申请表号，即可进行相关的结转收发货单申报。

9.4.2.4 录入结转收发货单应注意哪些问题？

录入结转收发货单应注意以下问题：

1. 企业应核实各结转申请表的收发货情况，确保收发货累计数量不超过对应手册的可报关数量。

2. 结转收发货单中有部分栏目为非必填项，企业应根据实际情况按实填报。

3. 对转入、转出商品需进行换算的，转入、转出企业除须填报“申报发货数量”外，还应填报实际换算后的“交易数量”和

“交易单位”。

4. 转入、转出企业的收发货登记必须在海关已审核通过的申请表编号项下进行。

5. 收发货单向海关申报后不允许修改。

6. 转出企业如未录入送货情况，转入企业将无法录入收货情况。

9.4.2.5 出口加工区企业出区深加工结转的发货单申报应注意哪些问题?

出口加工区企业出区深加工结转的发货单申报应注意的事项与一般加工贸易企业相同，但由于出口加工区存在进出区卡口管理，货物实际出区时，需要卡口确认该送货单情况。

9.4.2.6 结转退货单应如何申报?

对转入企业实际收货后发现货物存在质量问题等原因须办理退货的，应由转入企业登陆电子口岸录入结转退货单，其格式与结转收发货单相同。一般加工贸易转出企业在实际收到退货后录入收退货单，出口加工区企业在货物实际进区前申报收退货单。企业应在“备注”栏录入退货原因。

9.4.2.7 什么情况下，企业可撤销已申报的发（退）货单?

在对方企业未对相应发（退）货单进行收货或收退货申报的情况下，原发（退）货企业可撤销该发（退）货单，即转出企业送货或转入企业退货在货物实际送达收货方且未进行收货申报前，可以通过电子口岸调取海关审核通过生成的送货单撤销本次送（退）货，撤销成功后该送货数量将不累计。

9.4.2.8 转入企业如何进行退货及转出企业如何进行重新发货?

转入企业进行结转退货单申报后，电脑自动生成退货单编号，转入企业将退货单编号告知转出企业，转出企业进行收退货申报。转出企业通过填写新的发货单进行重新发货。

9.4.2.9 结转收发货单中的交易单位和交易数量是指什么?

收发货单中的交易单位和交易数量是指双方企业结转货物实际交易中,结算时使用的计量单位和数量。

9.4.2.10 结转收发货单应填写哪些基本信息内容?

结转收发货单应填写以下基本信息内容:

1. 收发货单编号:必填项(自动生成)。由系统返填,发货企业无须填写。当海关审批通过后,返回企业收发货单编号。收发货单编号为17位,编号规则为:申请表编号(12位)+"1"+顺序号(4位)。

2. 电子口岸统一编号:必填项(自动生成)。由系统返填,发(收)货企业无须填写。当发货企业申报的收发货单发货登记入数据中心库成功后,数据中心返回给企业"电子口岸统一编号",电子口岸统一编号为18位数字。

3. 申请表编号:必填项(人工填写)。由发货企业录入,录入后调出相关信息。

4. 转出企业手册/账册号:必填项(自动生成)。由系统根据申请表编号自动调出,企业无须填写。

5. 转出企业编号:必填项(自动生成)。由系统根据申请表编号自动调出,企业无须填写。

6. 转出企业名称:必填项(自动生成)。由系统根据申请表编号自动调出,企业无须填写。

7. 转入企业编号:必填项(自动生成)。由系统根据申请表编号自动调出,企业无须填写。

8. 转入企业名称:必填项(自动生成)。由系统根据申请表编号自动调出,企业无须填写。

9.4.2.11 发货登记表头各项信息内容如何填制?

发货登记表头各项信息内容应按以下规定进行填制:

1. 转出企业内部编号：必填项（人工填写）。20位字符内，录入本票收发货单的企业自定义编号，该编号在企业内部应具有唯一性。

2. 申报日期：必填项（自动生成）。当企业进行“申报”操作时，由系统返填，企业无须填写。

3. 申报人：必填项（人工填写）。10位字符内。

4. 发货日期：必填项（人工填写）。8位字符，格式为：年（4位）+月（2位）+日（2位）。

5. 合同号：非必填项。20位字符内。

6. 运输工具类别：非必填项。2位字符。

7. 运输工具编号：非必填项。32位字符内。

8. 备注：非必填项。128位字符（64个汉字）内，可填写表格内项目未尽事宜。

9.4.2.12　发货登记商品明细各项信息内容如何填制？

发货登记商品明细各项信息内容应按以下规定进行填制：

1. 序号：必填项（自动生成）。由系统自动调出，按顺序排列。

2. 申请表序号：必填项（人工填写）。填写将发货的商品信息在结转申请表表体的序号；录入该项后，系统会自动从结转申请表中调出项号、商品编码、商品名称、规格型号、申报单位等数据。

3. 料号：必填项（人工填写）。根据企业的手册/账册信息，如果是有料号级数据的手册/账册，该项被激活。企业可根据当地主管海关的要求，按料号或HS编码申报收发货明细数据，如按HS编码申报，该项可不填。

4. 归并前商品名称：必填项（自动生成）。不允许企业填写及修改，从手册/账册中调出。

5. 归并前规格型号：必填项（自动生成）。不允许企业填写及修改，从手册/账册中调出。

6. 项号：必填项（自动生成）。不允许企业填写及修改，从结转申请表中调出。

7. 商品编码：必填项（自动生成）。不允许企业填写及修改，从结转申请表中调出。

8. 商品名称：必填项（自动生成）。不允许企业填写及修改，从结转申请表中调出。

9. 规格型号：必填项（自动生成）。不允许企业填写及修改，从结转申请表中调出。

10. 交易单位：必填项（人工填写）。为企业实际成交计量单位。可直接录入单位代码或从单位代码表中选择。必须与收货企业交易单位一致。

11. 交易数量：必填项（人工填写）。

12. 申报单位：必填项（自动生成）。不允许企业填写及修改，从结转申请表中调出。

13. 申报数量：必填项（人工填写）。

14. 备注：非必填项。128 位字符（64 个汉字）内，可填写表格内项目未尽事宜。

9.4.2.13　收货登记表头各项信息内容如何填制？

收货登记表头各项信息内容应按以下规定进行填制：

1. 转入企业内部编号：必填项（人工填写）。20 位字符内，录入本票收发货单的企业自定义编号，该编号在企业内部应具有唯一性。

2. 申报日期：必填项（自动生成）。当企业进行“申报”操作时，由系统返填，企业无须填写。

3. 申报人：必填项（人工填写）。10 位字符内。

4. 收货日期：必填项（人工填写）。8位字符，格式为：年（4位）+月（2位）+日（2位）。

5. 备注：非必填项。128位字符（64个汉字）内，可填写表格内项目未尽事宜。

9.4.2.14 收货登记商品明细各项信息内容如何填制？

收货登记商品明细各项信息内容应按以下规定进行填制：

1. 序号：必填项（自动生成）。由系统自动调出，按顺序排列。

2. 申请表序号：必填项（人工填写）。填写收货的商品信息在结转申请表表体的序号；录入该项后，系统会自动从结转申请表中调出项号、商品编码、商品名称、规格型号、申报单位等数据。

3. 手册/账册号：必填项（自动生成）。不允许企业填写及修改，从结转申请表中调出。

4. 料号：必填项（人工填写）。根据企业的手册/账册信息，如果是有料号级数据的手册/账册，该项被激活。企业可根据当地主管海关的要求，按料号或HS编码申报收发货明细数据，如按HS编码申报，该项可不录入。

5. 归并前商品名称：必填项（自动生成）。不允许企业填写及修改，从手册/账册中调出。

6. 归并前规格型号：必填项（自动生成）。不允许企业填写及修改，从手册/账册中调出。

7. 收货序号：必填项（人工填写）。填写该项商品在收货登记表体中对应的序号。

8. 项号：必填项（自动生成）。不允许企业填写及修改，从结转申请表中调出。

9. 商品编码：必填项（自动生成）。不允许企业填写及修改，从结转申请表中调出。

10. 商品名称：必填项（自动生成）。不允许企业填写及修改，从结转申请表中调出。

11. 规格型号：必填项（自动生成）。不允许企业填写及修改，从结转申请表中调出。

12. 交易单位：必填项（人工填写）。为企业实际成交计量单位。必须与发货企业申报的交易单位一致。

13. 交易数量：必填项（人工填写）。

14. 申报单位：必填项（自动生成）。不允许企业填写及修改，从结转申请表中调出。

15. 申报数量：必填项（人工填写）。

16. 备注：非必填项。128 位字符（64 个汉字）内，可填写表格内项目未尽事宜。

9.4.2.15 结转退货单应填写哪些基本信息内容？

结转退货单应填写以下基本信息：

1. 退货单编号：必填项。由系统返填，退货企业无须填写。海关审批通过后，返给企业退货单编号。退货单编号为 17 位，编号规则为：申请表编号（12 位）+“2”+顺序号（4 位）。

2. 电子口岸统一编号：必填项（自动生成）。由系统返填，退货企业无须填写。当退货企业申报的退货单退货登记入数据中心库成功后，数据中心返给企业“电子口岸统一编号”，电子口岸统一编号为 18 位数字。

3. 申请表编号：必填项（人工填写）。由退货企业录入，录入后调出相关信息。

4. 转出企业手册/账册号：必填项（自动生成）。由系统根据申请表编号自动调出，企业无须填写。

5. 转出企业编号：必填项（自动生成）。由系统根据申请表编号自动调出，企业无须填写。

6. 转出企业名称：必填项（自动生成）。由系统根据申请表编号自动调出，企业无须填写。

7. 转入企业编号：必填项（自动生成）。由系统根据申请表编号自动调出，企业无须填写。

8. 转入企业名称：必填项（自动生成）。由系统根据申请表编号自动调出，企业无须填写。

9.4.2.16 退货登记表头各项信息内容如何填制？

退货登记表头各项信息内容应按以下规定进行填制：

1. 退货企业内部编号：必填项（人工填写）。20位字符内，录入本票收发货单的企业自定义编号，该编号在企业内部应具有唯一性。

2. 申报日期：必填项（自动生成）。当企业进行“申报”操作时，由系统返填，企业无须填写。

3. 申报人：必填项（人工填写）。10位字符内。

4. 退货日期：必填项（人工填写）。8位字符，格式为：年（4位）+月（2位）+日（2位）。

5. 合同号：非必填项。20位字符内。

6. 运输工具类别：非必填项。2位字符。

7. 运输工具编号：非必填项。32位字符内；

8. 备注：非必填项。128位字符（64个汉字）内，可填写表格内项目未尽事宜。

9.4.2.17 退货登记商品明细各项信息内容如何填制？

退货登记商品明细各项信息内容应按以下规定进行填制：

1. 序号：必填项（自动生成）。由系统自动调出，按顺序排列。

2. 申请表序号：必填项（人工填写）。填写退货的商品信息在结转申请表表体的序号；录入该项后，系统会自动从结转申请表中调出项号、商品编码、商品名称、规格型号、申报单位等数据。

3. 手册/账册号：必填项（自动生成）。不允许企业填写及修改，从结转申请表中调出。

4. 料号：必填项（人工填写）。根据企业的手册/账册信息，如果是有料号级数据的手册/账册，该项被激活。企业可根据当地主管海关的要求，按料号或HS编码申报退货明细数据，如按HS编码申报，该项可不录入。

5. 归并前商品名称：必填项（自动生成）。不允许企业填写及修改，从手册/账册中调出。

6. 归并前规格型号：必填项（自动生成）。不允许企业填写及修改，从手册/账册中调出。

7. 项号：必填项（自动生成）。不允许企业填写及修改，从结转申请表中调出。

8. 商品编码：必填项（自动生成）。不允许企业填写及修改，从结转申请表中调出。

9. 商品名称：必填项（自动生成）。不允许企业填写及修改，从结转申请表中调出。

10. 规格型号：必填项（自动生成）。不允许企业填写及修改，从结转申请表中调出。

11. 交易单位：必填项（人工填写）。为企业实际成交计量单位。可直接录入单位代码或从单位代码表中选择。必须与收退货交易单位一致。

12. 交易数量：必填项（人工填写）。

13. 申报单位：必填项（自动生成）。不允许企业填写及修改，从结转申请表中调出。

14. 申报数量：必填项（人工填写）。

15. 备注：非必填项。128位字符（64个汉字）内，可填写表格内项目未尽事宜。

9.4.2.18 收退货单应填写哪些基本信息内容？

收退货单应填写以下基本信息内容：

1. 收退货单编号：必填项（人工填写）。收退货企业录入退货企业告知的“退货单编号”，调出退货企业的退货登记信息。

2. 电子口岸统一编号：必填项（自动生成）。由系统返填。

3. 申请表编号：必填项（人工填写）。由收退货企业录入，录入后调出相关信息。

4. 转出企业手册/账册号：必填项（自动生成）。由系统根据申请表编号自动调出，企业无须填写。

5. 转出企业编号：必填项（自动生成）。由系统根据申请表编号自动调出，企业无须填写。

6. 转出企业名称：必填项（自动生成）。由系统根据申请表编号自动调出，企业无须填写。

7. 转入企业编号：必填项（自动生成）。由系统根据申请表编号自动调出，企业无须填写。

8. 转入企业名称：必填项（自动生成）。由系统根据申请表编号自动调出，企业无须填写。

9.4.2.19 收退货登记表头各项信息内容如何填制？

收退货登记表头各项信息内容按以下规定进行填制：

1. 收退货企业内部编号：必填项（人工填写）。20位字符内，录入本票收退货单的企业自定义编号，该编号在企业内部应具有唯一性。

2. 申报日期：必填项（自动生成）。当企业进行“申报”操作时，由系统返填，企业无须填写。

3. 申报人：必填项（人工填写）。10位字符内。

4. 收退货日期：必填项（人工填写）。8位字符，格式为：年（4位）+月（2位）+日（2位）。

5. 备注：非必填项。128位字符（64个汉字）内，可填写表格内项目未尽事宜。

9.4.2.20　收退货登记商品明细各项信息内容如何填制？

收退货登记商品明细各项信息内容按以下规定进行填制：

1. 序号：必填项（自动生成）。由系统自动调出，按顺序排列。

2. 申请表序号：必填项（人工填写）。填写收退货的商品信息在结转申请表表体的序号；录入该项后，系统会自动从结转申请表中调出项号、商品编码、商品名称、规格型号、申报单位等数据。

3. 料号：必填项（人工填写）。根据企业的手册/账册信息，如果是有料号级数据的手册/账册，该项被激活。企业可根据当地主管海关的要求，按料号或HS编码申报收发货明细数据，如按HS编码申报，该项可不录入。

4. 归并前商品名称：必填项（自动生成）。不允许企业填写及修改，从手册/账册中调出。

5. 归并前规格型号：必填项（自动生成）。不允许企业填写及修改，从手册/账册中调出。

6. 收退货序号：必填项（人工填写）。填写该项商品在收退货登记表体中对应的序号，如果该项商品在退货登记中只对应一条记录，那么该序号自动返填，如果该项商品在退货登记中对应多条记录，那么企业需从退货序号列表中选择。

7. 项号：必填项（自动生成）。不允许企业填写及修改，从结转申请表中调出。

8. 商品编码：必填项（自动生成）。不允许企业填写及修改，从结转申请表中调出。

9. 商品名称：必填项（自动生成）。不允许企业填写及修改，从结转申请表中调出。

10. 规格型号：必填项（自动生成）。不允许企业填写及修改，从结转申请表中调出。

11. 交易单位：必填项（人工填写）。为企业实际成交计量单位。必须与退货企业申报的交易单位一致。

12. 交易数量：必填项（人工填写）。

13. 申报单位：必填项（自动生成）。不允许企业填写及修改，从结转申请表中调出。

14. 申报数量：必填项（人工填写）。

15. 备注：非必填项。128 位字符（64 个汉字）内，可填写表格内项目未尽事宜。

9.4.2.21　结转收发货单及结转退货单回执包括哪些内容？

结转收发货单及结转退货单回执包括：

1. 身份不符退单回执。

2. 申请表编号不存在退单回执。

3. 无权限回执。

4. 申请表暂停退单回执。

5. 未发送成功回执。

6. 发送成功回执。

7. 未通过海关审核回执。

8. 海关通过审核回执。

9. 加工区企业货物未实际出区退单回执。

10. 超申请表有效期退单回执。

11. 超退货有效期退单回执。

12. 发货累计数量超申请表审批数量退单回执。

13. 退货数量超实际可退货数量退单回执。

9.4.2.22　结转收发货单状态说明的内容有哪些？

查询结果列表框显示查询结果数据，主要包括电子口岸统一编号、申报日期、收发货单编号、企业内部编号、申请表编号、发货状态、收货状态、撤销标记等基本信息。企业可根据数据的状态来进行相应的操作，状态说明的具体内容如下：

1. 暂存：数据暂存在企业端，并没有向海关申报数据。

2. 数据申报成功：是指数据向海关申报，并没有向数据中心发送。

3. 入数据中心库失败：是指企业申报的数据被数据中心退单。

4. 成功入数据中心库：是指企业申报的数据成功发往数据中心，生成电子口岸统一编号。

5. 成功发往海关：是指企业申报的数据由数据中心向海关转发成功。

6. 成功入海关库：是指企业申报的数据向海关申报成功，海关审批系统将返给企业申报表预录入号，在申请表编号中显示，请企业等待海关关员审批数据。

7. 退单：是指企业申报的数据不符合要求，被海关退单或被海关审批系统自动审核退单。

8. 审批通过：是指企业申报的数据获海关审批通过。

9. 审批通过（未过卡口）：只有发货方有此状态。是指出口加工区货物申报的发货单获海关审批通过，但未过出口加工区卡口。

10. 撤销成功：只有发货方有此状态。是指一般保税货物或出口加工区货物（未过卡口）撤销操作获海关审批通过。

11. 撤销成功（已出区）：只有发货方有此状态。是指出口加工区货物（已过卡口）撤销操作获海关审批通过。

9.4.3 企业深加工结转报关的操作问题

9.4.3.1 报关单申报与以往有何不同？

报关单申报与以往基本相同，须注意的是结转申请表编号应填入报关单的“随附单证”栏。

9.4.3.2 深加工结转报关手续如何办理？

转出、转入企业实际收发货后，应当按照以下规定办理结转报关手续：

1. 转出、转入企业应当分别在转出地、转入地海关办理结转报关手续。转出、转入企业可以根据结转申请表电子数据逐批或者多批次合并办理报关手续。每批结转货物实际收货后，转入企业应当在40日内办理该批货物的申报手续。

2. 转入企业可通过电子口岸查询实际收货情况，按结转申请表电子数据向转入地海关办理结转进口报关手续，并在结转进口报关单申报后及时将报关情况通知转出企业。

3. 转出企业自转入企业申报结转进口之日起10日内，通过电子口岸查询实际发货情况，按结转申请表电子数据向转出地海关办理结转出口报关手续。

4. 结转进口、出口报关的申报价格为结转货物的实际成交价格。

5. 结转申请表编号应填入结转进口、出口报关单的“随附单证”栏内。

6. 一份结转进口报关单对应一份结转出口报关单，两份报关单之间对应的申报序号、结转申请表编号、商品编码前4位、价格、数量（或折算后数量）应当一致，报关单所填写的关联手册号及关联报关单号应相互对应。

7. 海关无须收取纸质结转申请表，通过计算机自动检查、数据对碰，按照《海关通关作业审单操作规范》进行审单作业。

8. 结转进口、出口报关手续必须在企业手册有效期或核销截止日内办结。

9. 企业超过规定时限申请办理结转报关手续的，海关按照有关办法规定处理后，应补办报关手续。

10. 企业按报关单的填制规范录入报关单的相关内容外，深加工结转报关单还需向海关申报。

11. 随附单证代码：输入K（深加工结转代码）。

12. 随附单证编号：填写此报关单所对应的已审批通过的结转申请表编号。

13. 关联备案号：录入此报关单所对应的转出企业的备案号。

14. 关联报关单号：仅在出口报关单中录入。录入所对应的进口报关单的报关单号。

9.4.3.3 结转货物报关后退货如何处理？

结转货物报关后企业申请退货的，转入地海关核实无误后，通知转出地海关按照《中华人民共和国海关进出口货物报关单修改和撤销管理办法》（海关总署令第143号）先修改或撤销有关出口报关单，转入地海关再修改或撤销对应的进口报关单。

9.5 本章法律法规链接

1. 《海关总署关于修改〈中华人民共和国海关对加工贸易货

物监管办法〉的决定》(海关总署令第168号)。

2.《中华人民共和国海关关于加工贸易保税货物跨关区深加工结转管理办法》(海关总署令第168号)。

3.《中华人民共和国加工贸易联网企业监管办法》(海关总署令第150号)。

4.《海关总署关于H2000深加工结转管理系统推广应用暂行办法》。

10 加工贸易外发加工

JIAGONG MAOYI WAIFA JIAGONG

根据海关总署第168号令的规定，加工贸易外发加工，是指经营企业因受自身生产特点和条件限制，经海关批准并办理有关手续，委托承揽企业对加工贸易货物进行加工，在规定期限内将加工后的产品运回本企业并最终复出口的行为。

10.1 外发加工的作用和改革的背景

加工贸易外发加工是加工贸易业务发展到一定程度衍生出来的一种生产形式。市场经济下的外发加工是市场资源配置优化组合的需要。随着加工贸易的不断深化、国际分工合作的持续加强、产业集聚效应的进一步显现，外发加工的市场需求不断扩大，并且以其便捷性和灵活性受到越来越多的企业的欢迎。企业出于订单、技术、成本、产能、环保等因素的考虑都可能选择外发加工，通过外发加工最大限度地优化企业资源、降低成本，并与承揽企业共同达到优势互补的双赢效果，促进市场经济健康发展。

10.1.1 外发加工改革的意义

《中华人民共和国海关对加工贸易货物监管办法》（海关总署令第113号，以下简称旧《办法》）对外发加工作过如下定义：

外发加工，是指加工贸易企业因受自身生产工序限制，经海关批准并办理有关手续，委托承揽企业对加工贸易货物的某道工序进行加工，在规定期限内将加工后的产品运回本企业并最终复出口的行为。

旧《办法》自2004年4月1日正式实施以来，对统一规范保税加工业务管理、促进加工贸易健康有序发展起到非常重要的作用。但是随着加工贸易的迅猛发展，旧《办法》在某些方面已经不能适应新形势的要求，例如其“因受自身生产工序限制”才能外发加工的规定未能满足企业的实际需求，等等。因此在充分考虑外发加工监管现状和问题的情况下，结合保税加工监管改革流程再造的进展，本着“有效监管、高效运作”的原则，海关总署对旧《办法》进行了修改并于2008年1月14日以海关总署令第168号发布了《海关总署关于修改〈中华人民共和国海关对加工贸易货物监管办法〉的决定》（以下简称《决定》)。《决定》取消了“主要工序”不得外发加工的限制性规定，同时，强化了“经营企业”的责任，明确了海关应以经营企业为管理重点。《决定》的出台是以海关管理的转型升级适应并促进加工贸易转型升级的具体举措，受到了基层海关和广大加工贸易企业的广泛好评和普遍欢迎。

《决定》出台对加工贸易的发展有着重大意义：一是从宏观运行层面看，《决定》的出台有利于充分发挥外发加工在国家相关产业的梯度转移及西部大开发、中部崛起等战略实施中的重要作用，进一步加快外贸增长方式的转变，促进加工贸易转型升级。二是从微观操作层面看，《决定》的出台既有利于海关监管、企业运营，又符合简化行政许可审批事项的行政管理改革理念。

10.1.2 外发加工改革的主要内容及其影响

《决定》出台后对于外发加工的管理政策是放宽了，还是变严了，《决定》出台后加工贸易企业应如何应对呢？下面通过以下几个问题进行解答。

10.1.2.1 《决定》出台对加工贸易企业有哪些影响?

《决定》对外发加工业务管理作出了更明确的规定，更加贴近海关监管和企业经营实际，有利于统一和规范海关执法标准；在简化外发加工行政许可的同时，也更加方便企业操作。集中体现在以下三个方面：一是对外发加工进行了重新定义，更明确、更规范、更符合实际；二是取消了主要工序不得外发加工的限制性规定，更合理、更具操作性；三是外发加工货物经海关批准可以不运回本企业，操作更简便。因此，《决定》的出台对广大加工贸易企业而言是“有百利而无一害”的好事。

10.1.2.2 《决定》与旧《办法》的最大区别是什么?

《决定》与旧《办法》的最大区别在于进一步明确和规范了保税加工货物外发加工管理制度，包括：重新定义外发加工、实行对经营企业的单边管理、取消“主要工序”不得外发的限制性条件、明确外发加工货物经海关批准可以不运回等。

10.1.2.3 《决定》为何要对外发加工业务管理进行重新明确?

主要是由于原有的外发加工管理模式既不利于海关监管和执法，也比较容易使企业运营处于被动。由于外发加工属行政许可审批项目，在原有的管理模式下，企业若要开展外发加工，必须先向海关提出申请，由海关审批，而海关审批同意与否的主要标准之一就是外发加工的环节是否为主要工序。实践证明，这一做法一方面会导致海关执法不明确，因为加工贸易行业面广、产品复杂，难以界定什么是加工的“主要工序”，轻则影响执法效率，重则造成自由裁量权过大而影响公正执法；另一方面，不仅影响企业的办事效率，而且由于主要工序难以界定，难免造成企业非主观的或是迫不得已的过错行为。实际上，由于企业加工能力和生产特点的差异及市场细分的趋势，在不同企业间进行工序上的转移，既是加工产业发展的客观要求，也符合延长产业链、提高保税加工增值水平的国家产业政策原则。基于以上原因，《决定》重新明确了外发加工管理的相关规定，特别是取消了“主要工序”不得外发的限制性规定。

10.1.2.4 《决定》修改了旧《办法》的哪些内容？

《决定》对旧《办法》共五条七款内容进行修改，归纳如下：

一是修改了旧《办法》中关于外发加工的定义。

旧《办法》第三条第十一项规定：“外发加工，是指加工贸易企业因受自身生产工序限制，经海关批准并办理有关手续，委托承揽企业对加工贸易货物的某道工序进行加工，在规定期限内将加工后的产品运回本企业并最终复出口的行为。”《决定》修改为：“外发加工，是指经营企业因受自身生产特点和条件限制，经海关批准并办理有关手续，委托承揽企业对加工贸易货物进行加工，在规定期限内将加工后的产品运回本企业并最终复出口的行为。”

对外发加工定义的修改主要是考虑到除了生产工序限制外，现实中更多是因企业生产能力不能满足国际市场需求，或者因订单数量多和单票订单无法拆分而需要外发加工，对此海关如果不予批准外发加工，企业为保有市场和追逐利润，往往采取擅自外发加工方式。为此，《决定》除生产工序限制外，对于企业出现紧急履约等情况的，也可批准企业外发加工。

二是调整了外发加工的适用条件和管理方式。

由于加工贸易行业繁多，产品加工工序复杂多样，尤其在现代联合生产的情况下，对于生产链条比较长的行业，工序的主次只是相对而言的，同时，在对“主要工序”标准的认定上，企业与海关存在较大差异，海关又没有明确可执行的标准，导致现场海关难以统一规范执行。基于上述情况，《决定》取消了旧《办法》第二十五条对“主要工序”的限制，以适应企业正常经营发展的需要，同时，在第二十三条增加了“按照外发加工的相关管理规定办理”的表述，确保海关仍能有效监管。

三是明确了外发加工货物经海关批准可以不运回的原则。

对于外发加工环节产生的毫无价值或有毒有害的边角料及副产品，如果企业仍需将这些运回，不但增加企业生产成本和社会环境成本，也增加了海关监管的难度。因此，为尊重企业生产实际，《决定》将原先“应当运回”的表述修改为“外发加工的成品、剩余料件及生产过程中产生的边角料、残次品、副产品等加工贸易货物，经经营企业所在地主管海关批准，可以不运回本企业”。

四是为与相关法规、规章衔接，完善了核查、行政处罚等相关条款。

其一，为与《中华人民共和国海关保税核查办法》相衔接，删除了旧《办法》第三条第一款第十二项有关“核查”的定义。其二，为与《行政处罚实施条例》相衔接，修改了旧《办法》第四十二条的表述。

10.1.2.5　为确保《决定》的落实，海关做了哪些配套工作？

为配合《决定》的实施，海关总署已同步制发执行通知和对外公告，明确外发加工业务管理的流程，审批，收发货管理，税收保全及经营企业的责任、义务等内容，同时通过建立信息化管理系统加强对外发加工的监管。

目前，海关总署已完成H2000外发加工管理系统的开发和测试工作，并在广东省内部分海关进行试点。H2000外发加工管理系统推广使用后，外发加工业务将统一使用该系统进行管理。H2000外发加工管理系统的使用，将在简化手续的基础上，重点突出对外发加工货物从申请到收发货的全过程管理，并提供对外发加工货物延伸核查的手段。

10.2 企业如何向海关申请外发加工

根据海关总署有关通知要求，在全面推广应用 H2000 外发加工管理系统前，参与试点的企业将按有关管理办法应用 H2000 外发加工管理系统办理外发加工手续，暂未使用 H2000 外发加工管理系统办理外发加工业务的企业仍按《海关加工贸易监管业务操作规程》(署加发〔2005〕73 号) 的有关规定通过纸本作业方式办理外发加工业务。

10.2.1 如何通过纸本作业方式办理外发加工业务

外发加工的首要条件便是“经海关批准”。因为保税料件外发至其他工厂进行加工，对于海关监管来说具有一定风险，所以企业必须主动向海关进行报备。如果企业跳过了这个步骤，就构成了“擅自外发”的违规行为，将会受到海关的严厉处罚。

目前，海关对于外发加工的监管仍然是以加工贸易合同为单元进行监管，因此企业申请外发加工必须在手册的有效期内进行。

企业申请外发加工需要向海关提交相关的单证有：

1. 经营企业签章的“加工贸易货物外发加工申请审批表”；应当如实填写“加工贸易货物外发加工申请审批表”、“加工贸易货物外发加工货物外发清单”和“加工贸易货物外发加工货物运回清单”。

2. 经营企业与承揽企业签订的加工合同或协议。

3. 承揽企业的海关注册登记证明（复印件）和加工贸易生产能力证明（复印件）。

4. 海关需要收取的其他单证和资料。一般来说，海关需要收取的其他单证和资料包括：经营企业提交的外发加工工艺流程和成品单损耗说明、需外发加工工序属于非主要工序的声明，以及承揽企业关于按照有关规定对外发加工保税货物进行管理的承诺，等等。

海关审核经营企业的申请，同意其开展外发加工业务的，在“加工贸易货物外发加工申请审批表”上签注意见，并交企业作为开展外发加工业务的凭证。

有下列情形之一的，海关不予批准外发加工业务：

1. 经营企业或者承揽企业涉嫌走私、违规，已被海关立案调查、侦查，案件未审结的。

2. 经营企业将主要工序外发加工的。

3. 经营企业或者承揽企业生产经营管理不符合海关监管要求的。

经营企业和承揽企业应该共同接受海关监管。经营企业应该根据海关要求如实报告外发加工货物的发运、加工、单耗、存储等情况，并随时准备接受海关核查。

联网企业不仅在进出口通关、内销补税环节上享有一定的政策优势，其在外发加工业务方面也可享受一定的便捷措施。与非联网企业相比，联网企业外发加工的审批流程更为简便，有利于更进一步提高企业工作效率、便利企业生产。

《中华人民共和国加工贸易联网企业监管办法》（海关总署令第150号）中规定，联网企业的外发加工实行主管海关备案制。加工贸易企业开展外发加工前，应当将外发加工承接企业、货物名称和周转数量向主管海关备案。

联网企业应于电子账册使用之初向海关申请该账册执行期间的外发计划，海关审批时也以电子账册有效期限为时间范围。

联网企业申请外发加工时需要提供的资料有：

1. 年度“加工贸易保税货物外发加工申请表”（以下简称外发加工申请表）。

2. 年度外发加工承揽企业关系表。

3. 年度各承揽企业外发分配表。

4. 经营企业与承揽企业签订的加工合同或协议。

5. 承揽企业的海关注册登记证明（复印件）和加工贸易生产能力证明（复印件）。

6. 海关需要收取的其他单证和资料。

联网企业开展外发业务原则上免于担保，但特殊情况下，如承揽企业未经海关注册，且非本辖区内企业的，则经营企业需向海关缴纳一定的风险担保金，企业必须定期（一般是半年）向海关提交外发加工实际收发货情况报告，对中途新增承揽企业自觉向海关申请报批，在电子账册执行完毕后提交整个账册执行期间的外发加工情况。

10.2.2 如何通过 H2000 外发加工管理系统办理外发加工业务

对应用 H2000 外发加工管理系统（以下简称外发加工系统）办理外发加工业务的企业，海关将以经营企业为管理重点，实行单边管理，通过外发加工系统，按照“企业提出外发加工申请—主管海关保税监管部门审批—企业实际收发货—企业登记收发货情况”的操作流程对外发加工进行管理。

为了方便企业开展业务，提高海关与企业的工作效率。海关总署根据海关对外发加工的监管要求，组织开发了外发加工系统，在企业端的 QP 预录入系统 4.0 版“深加工结转子系统”上增加“外发加工管理”功能。功能主要包括外发加工申请表备案和收发货单登记两部分。通过企业在电子口岸平台上向海关递交外发加工备案申请和收发货单备案申请，电子口岸平台负责将企业申报的数据向海关传递并向企业反馈海关审批意见，海关内网通过对企业申报数据进行备案、审批、审核、登记、处理，来实现对外发加工的监管。

外发加工系统的主要操作流程如下：

1. 委托方企业在“外发加工申请表—备案申请”界面，录入基本信息及商品明细数据，申报成功后入数据中心库。

2. 数据入库成功，电子口岸返给委托方企业外发加工申请表的“电子口岸统一编号”。

3. 海关接收数据，审批通过后，外发加工申请表建立，返给委托方企业外发加工“申请表编号”，委托方企业即可进行外发加工货物的收发货操作。如果进行发货登记转至步骤“4”，如进行收货登记转至步骤“6”。

4. 委托方企业在收发货单的“发货登记”界面根据“申请表编号”调出外发加工申请表信息，录入外发货物的发货登记数据，并向海关申报，等待海关审批。

5. 企业可对最后一次发货登记进行撤销操作，海关审批通过后，发货登记撤销成功（可选操作）。

6. 承揽方企业加工完成该批外发货物后，委托方企业在收发货单的“收货登记”界面根据“申请表编号”调出外发加工申请表信息，录入收回货物的收货登记数据，并向海关申报。

7. 当委托方企业收货登记获“海关审批通过”后，委托方即可收回该批外发加工的货物。

8. 企业可对最后一次收货登记进行撤销操作，海关审批通过后，收货登记撤销成功（可选操作）。

外发加工系统的流程有点类似于结转系统，但其简单之处在于海关对外发加工业务实行单边管理，且没有报关环节，外发加工申请表的申请和“保税货物外发加工收发货单”（以下简称外发加工收发货单）报送都由外发加工的经营单位完成，承揽企业无须使用外发加工系统办理业务。

10.3 企业对外发加工的管理与控制

10.3.1 承揽企业的选择

经营企业要开展外发加工业务，首先必须选择合适的承揽企业。《决定》规定，承揽企业，是指与经营企业签订加工合同，承接经营企业委托的外发加工业务的生产企业。承揽企业必须经海关注册登记，具有相应的加工生产能力。

从这条定义我们可以看出，承接外发加工业务的企业必须具备一定的资质，即要获得海关的认可。也就是说，企业要先在各自的主管海关进行备案登记，取得一个10位编号。这个编号也就相当于企业在海关的“身份”，经营企业只能找这些有“身份”的企业承揽他们的外发业务。

在经营企业与承揽企业签署的委托加工合同中，经营企业有义务告知承揽企业必须妥善地保管保税料件（或半成品），并将加工过程中产生的边角料、剩余料件、残次品和不良品连同成品一起运回经营企业。

承揽企业不得将这些保税料件（或半成品）再次转包。如果发生这种情况并经海关查实，海关首先要处罚的是经营企业，承揽企业负有连带责任。

10.3.2 企业各部门对外发加工的管控

企业生管部门选好了承揽企业，确认了外发加工的数量，就要将这些信息反映给关务部门，由关务人员备齐相应资料向海关提出申请。

一般来说，经营企业选择本直属海关辖区以外的企业开展外发加工业务时，可能需要向海关缴纳一定的风险担保金。风险担保金金额相当于外发保税料件的等额税款（包括关税和增值税）。

海关收到风险担保金，履行审批手续并同意企业外发申请后，会返给企业一联回执，企业凭这联回执开展外发加工。

在开展外发加工业务的过程中，仓库必须如实记录好保税料件的出入库情况，包括发出材料的数量，回收成品、边角料、残次品、副产品的数量等。待该批次外发加工结束时，仓库部门务必汇总这些数据并交给关务部门，以备海关核查之用。

外发加工业务结束时，经营企业要支付给承揽企业一笔加工费，在财务上反映为“应付账款”或“其他应付款”。

企业在完成某批次外发加工业务时，如果确认在短时间内不再开展外发业务，就可以向海关提出退还风险担保金的申请；如企业将继续开展外发业务，则可将该批次风险担保金自动转入下批次继续使用。

图 10－1 是某企业外发加工内部管控流程，供参考：

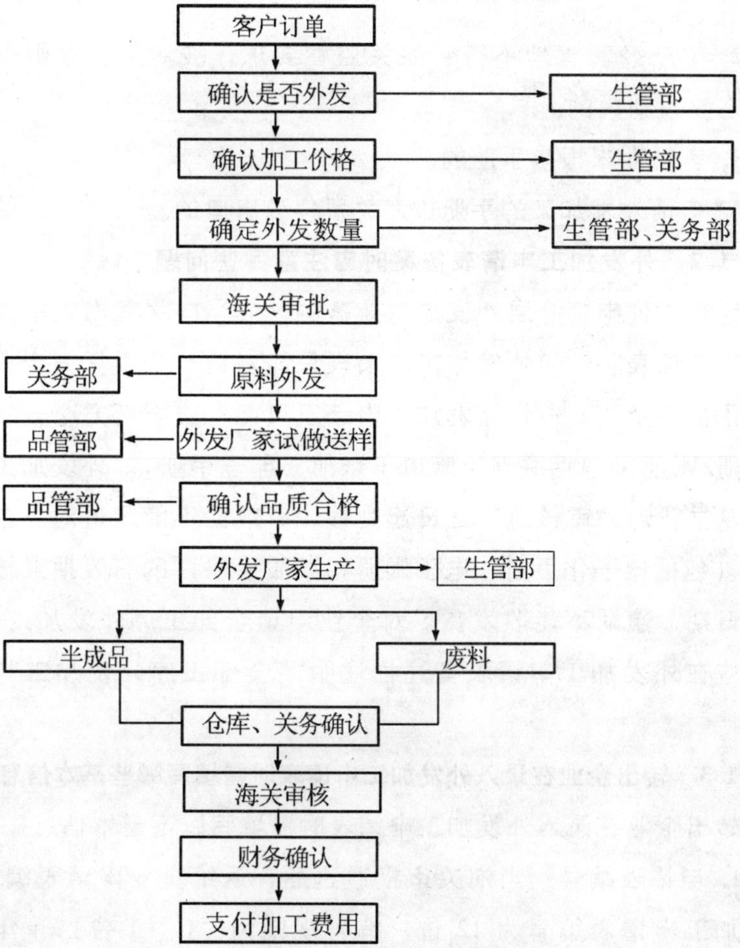

图 10－1　企业外发加工内部管理流程示意图

10.4　外发加工常见问题及解答

10.4.1　关于外发加工申请表备案的问题

10.4.1.1　什么情况下，海关不予受理外发加工申请表备案？

申请外发加工的企业有下列情形之一的，海关不予受理：

1. 涉嫌走私、违规，已被海关立案调查、侦查，案件未审结的。

2. 生产经营管理不符合海关监管要求，被海关责令限期整改，在整改期内的。

3. 有逾期未报核手册的。

4. 申请外发加工的手册被海关暂停进出口的。

10.4.1.2　外发加工申请表备案时应注意哪些问题?

经营单位申请开展外发加工业务的，应当向主管海关申报外发加工申请表。一份外发加工申请表只能对应一个委托方企业和一个承揽方企业；一份外发加工申请表只能对应委托方企业的一本手册/账册（包括联网监管电子账册、电子手册）。外发加工申请表从主管海关审核通过之日起生效，有效期不能超过对应企业手册（包括电子化手册、电子账册和纸质手册）的有效期或核销截止日期，逾期不能收发货。对企业申请全部工序外发加工的，企业应在外发加工申请表备注栏注明“全部工序外发加工”字样。

10.4.1.3　转出企业在录入外发加工申请表时需填写哪些基本信息?

转出企业在录入外发加工申请表时需填写以下基本信息：

1. 申请表编号：当海关审批通过后，返给企业申请表编号。外发加工申请表编号为12位，编号规则为：G（1位）＋年份（2位）＋顺序号（9位）；由系统自动返填，委托方企业无须填写。

2. 电子口岸统一编号：当委托方企业申报的外发加工申请表入数据中心库成功，数据中心返给企业“电子口岸统一编号”。电子口岸统一编号为18位数字，由系统自动返填，委托方企业无须填写。

3. 申请表类型：必填项。不允许录入，由系统自动返填。

4. 企业内部编号：必填项。委托方企业自定义编号，该编号在企业内部应具有唯一性。

5. 委托方企业代码：必填项。填写海关10位代码。

6. 委托方企业名称：必填项。根据企业填写的委托方企业代码，系统自动返填企业名称，委托方企业无须填写。

7. 委托方申报企业代码：必填项。最长30个字符。从录入的操作员卡自动调出。

8. 委托方申报企业名称：必填项。从录入的操作员卡自动调出，委托方企业无须填写。

9. 委托方手册/账册编号：必填项。12位，录入要转出的手册/账册编号。

10. 委托方海关：必填项。

11. 委托加工合同号：非必填项。32位。

12. 加工期限：必填项。

13. 委托方企业法人及其联系电话：非必填项。

14. 申报日期：必填项。当企业进行"申报"操作时，由系统返填，企业无须填写。

15. 委托方企业申报人及其联系电话：非必填项。

16. 承揽方海关：非必填项。

17. 承揽方企业代码：非必填项。

18. 承揽方企业名称：必填项。

19. 承揽方企业法人及其联系电话：非必填项。

20. 目的地：必填项。5位地区代码，可从地区代码表中调出。

21. 备注：非必填项。最多128位字符，可填写表格内项目未尽事宜，可为空。

10.4.1.4 转出企业在录入外发加工申请表时应填写哪些商品明细信息？

转出企业在录入外发加工申请表时应填写以下商品明细信息：

1. 商品序号：必填项。由系统自动调出。

2. 规格型号：必填项。

3. 商品编码：必填项。

4. 商品名称：必填项。

5. 计量单位：必填项。

6. 申报数量：必填项。

7. 修改标志：必填项。委托方企业无需填写。

8. 备注：非必填项。最多128位字符，可填写表格内项目未尽事宜。

10.4.1.5 外发加工申请表的申报状态如何查询？

外发加工申请表申报状态查询步骤如下：

1. 设置查询条件。其中“申请表备案状态”为必选项，其他五项中必须至少选择其一。

1）申请表备案状态：必选项。从下拉列表中选择以下选项，系统默认为“全部”：

①全部：包括以下全部状态；

②暂存：是指已暂存，但未向海关申报的数据；

③处理失败：包括退单、入数据中心库失败、入海关库失败、申报失败等状态；

④审批通过：是指获海关审批通过的数据；

⑤正在处理：除暂存、处理失败、审批通过状态外的所有状态，主要包括成功入数据中心库、成功发往海关、成功入海关库等状态。

2）企业内部编号：可选项。

3）电子口岸统一编号：可选项。

4）录入/申报日期：可选项。为时间段，开始日期与结束日期均默认为当天。

5）申请表编号：可选项。

6）全部数据：可选项。

2. 开始查询。设置好查询条件后，单击“查询”按钮，查询结果即显示在查询结果列表框中。

3. 查看查询结果。

1）查询结果列表框。显示查询结果数据，主要包括企业内部编号、申请表编号、统一编号、委托方企业名称、承揽方企业名称、申报日期、申请表状态、申报类型等基本信息。

企业可根据数据的状态来进行相应的操作，状态说明的具体内容如下：

①暂存：数据暂存在企业端，并没有向海关申报；

②数据申报成功：是指数据向海关申报，并没有向数据中心发送；

③入数据中心库失败：是指企业申报的数据被数据中心退单；

④成功入数据中心库：是指企业申报的数据成功发往数据中心，入数据中心库成功，生成电子口岸统一编号；

⑤成功发往海关：是指企业申报的数据已由数据中心向海关审批系统转发成功；

⑥成功入海关库：是指企业申报的数据入海关审批系统成功，海关审批系统返给企业外发加工申请表预录入号，在“申请表编号”中显示，请企业等待海关关员审批数据；

⑦退单：是指企业申报的数据不符合要求，被海关退单或被海关审批系统自动审核退单；

⑧审批通过：是指企业申报的数据海关审批通过。

2）功能按钮。主要功能按钮如下：

①修改：在查询结果列表选中一条数据，当数据状态为暂存、入数据中心库失败、退单时，可对数据进行“修改”操作，单击

“修改”按钮，进入外发加工申请表数据录入界面，即可对数据进行修改。

②变更：企业在实际生产过程中基本信息或外发加工商品明细产生变化后，获海关审批通过的申请表不能满足企业的需要，则可对外发加工申请表进行变更操作。申请表基本信息可变更内容包括：委托方企业联系人及其电话、委托申报联系人及其电话、承揽方企业联系人及其电话。申请表商品明细记录变更时，可新增商品明细记录，对于已审批通过的记录只允许变更“申报数量”。

③查看明细：在查询结果列表选中一条数据，点击“查看明细”，进入外发加工申请表数据明细界面，显示申请表全部内容和状态。

④查看回执：在查询结果列表选中一条数据，点击“查看回执”，可查询到该票数据的审批结果、审核日期、审批结果内容。

10.4.2 企业收发货及撤销发货的操作问题

10.4.2.1 外发加工收发货单应在何时向海关申报？

企业应分别在每批实际收发货后72小时内申报外发加工收发货单电子数据。72小时内在同一外发加工申请表项下发生的多次收、发货可累加成一次录入申报。因企业端系统、海关端系统等原因，导致无法在规定时限内申报外发加工收发货单的，经主管海关批准，可适当延长申报时限，但最长不得超过7天。

10.4.2.2 外发加工收发货单可通过什么途径申报？

企业通过互联网登陆电子口岸平台，通过自身的身份认证后，录入本次收发货的对应结转申请表号，即可进行相关的收发货登记。

10.4.2.3 发货登记表头各项信息内容如何填制？

发货登记表头各项信息内容应按以下规定进行填制：

1. 申请表编号：必填项。由委托方企业录入，录入后调出相关信息。

2. 电子口岸统一编号：必填项。由系统返填，收发货企业无须填写。当委托方企业申报的收发货单发货登记入数据中心库成功，数据中心返给企业“电子口岸统一编号”，电子口岸统一编号为18位数字。

3. 发货单编号：必填项。由系统自动返填。

4. 委托方企业手册/账册号：必填项。由系统根据申请表编号自动调出，企业无须填写。

5. 委托方企业编号：必填项。由系统根据申请表编号自动调出，企业无须填写。

6. 委托方企业名称：必填项。由系统根据申请表编号自动调出，企业无须填写。

7. 承揽方企业编号：必填项。由系统根据申请表编号自动调出，企业无须填写。

8. 承揽方企业名称：必填项。由系统根据申请表编号自动调出，企业无须填写。

9. 企业内部编号：必填项。20位字符内，录入本票发货单的企业自定义编号，该编号在企业内部应具有唯一性。

10. 发货日期：必填项。8位，格式为：年（4位）+月（2位）+日（2位）。

11. 发货申请人：必填项。10位。

12. 申报日期：必填项。当企业进行“申报”操作时，由系统返填，企业无须填写。

13. 收货日期：必填项。

14. 备注：非必填项。最多128位字符，可填写表格内项目未尽事宜。

10.4.2.4 发货登记商品明细各项信息内容如何填制?

发货登记商品明细各项信息内容应按以下规定进行填制:

1. 商品序号:必填项。由系统自动调出，按顺序排列。

2. 申请表序号:必填项。填写该商品在外发加工申请表表体中备案的序号;录入该项后，系统会自动从外发加工申请表中调出商品编码、商品名称、规格型号、计量单位等数据。

3. 商品编码:必填项。不允许企业填写及修改，从外发加工申请表中调出。

4. 商品名称:必填项。不允许企业填写及修改，从外发加工申请表中调出。

5. 规格型号:必填项。不允许企业填写及修改，从外发加工申请表中调出。

6. 计量单位:必填项。不允许企业填写及修改，从外发加工申请表中调出。

7. 申报数量:必填项。

8. 备注:非必填项。最多128位字符，可填写表格内项目未尽事宜。

10.4.2.5 收货登记表头各项信息内容如何填制?

收货登记表头各项信息内容应按以下规定进行填制:

1. 申请表编号:必填项。由委托方企业录入，录入后调出相关信息。

2. 电子口岸统一编号:必填项。由系统返填，发货企业无须填写。当委托方企业申报的收发货单发货登记入数据中心库成功，数据中心返给企业“电子口岸统一编号”，电子口岸统一编号为18位数字。

3. 收发货单编号:必填项。由系统自动返填。

4. 委托方企业手册/账册号:必填项。由系统根据申请表编号自动调出，企业无须填写。

5. 委托方企业编号：必填项。由系统根据申请表编号自动调出，企业无须填写。

6. 委托方企业名称：必填项。由系统根据申请表编号自动调出，企业无须填写。

7. 承揽方企业编号：必填项。由系统根据申请表编号自动调出，企业无须填写。

8. 承揽方企业名称：必填项。由系统根据申请表编号自动调出，企业无须填写。

9. 企业内部编号：必填项。20位字符内，录入本票发货单的企业自定义编号，该编号在企业内部应具有唯一性。

10. 收货日期：必填项。8位，格式为：年（4位）+月（2位）+日（2位）。

11. 收货申请人：必填项。填写收货单录入人员的中文姓名。

12. 收货申报日期：必填项。当企业进行“申报”操作时，由系统返填，企业无须填写。

13. 发货日期：非必填项。

14. 备注：非必填项。最多128位字符，可填写表格内项目未尽事宜。

10.4.2.6 收货登记商品明细各项信息内容如何填制？

收货登记商品明细各项信息内容应按以下规定进行填制：

1. 商品序号：必填项。由系统自动调出，按顺序排列。

2. 申请表序号：必填项。填写该商品在外发加工申请表表体中备案的序号；录入该项后，系统会自动从外发加工申请表中调出 商品编码、商品名称、规格型号、计量单位等数据。

3. 商品编码：必填项。不允许企业填写及修改，从外发加工申请表中调出。

4. 商品名称：必填项。不允许企业填写及修改，从外发加工申请表中调出。

5. 规格型号：必填项。不允许企业填写及修改，从外发加工申请表中调出。

6. 计量单位：必填项。不允许企业填写及修改，从外发加工申请表中调出。

7. 申报数量：必填项。

8. 备注：非必填项。最多128位字符，可填写表格内项目未尽事宜。

10.4.2.7 外发加工收发货单的申报状态如何查询?

外发加工收发货单申报状态查询步骤如下：

1. 设置查询条件。其中“收发货单状态”、“收发货类型”为必选项，其他五项中必须至少选择其一。

1）收发货单状态：必选项。从下拉列表中选择，系统默认为“全部”。

①全部：包括以下全部状态；

②暂存：是指已暂存，但未向海关申报的数据；

③处理失败：包括退单、入数据中心库失败、入海关库失败、申报失败等状态；

④审批通过：是指被海关审批通过的数据；

⑤正在处理：除暂存、处理失败、审批通过状态外的所有状态，主要包括成功入数据中心库、成功发往海关、成功入海关库等状态。

2）收发货类型：必选项。分为发货和收货，默认为发货。

3）收发货单编号：可选项。

4）申请表编号：可选项。

5）企业内部编号：可选项。

6）电子口岸统一编号：可选项。

7）收发货日期：可选项。为时间段，开始日期与结束日期均默认为当天。

2. 开始查询。设置好查询条件后，单击“查询”按钮，查询结果显示在查询结果列表框中。

3. 查看查询结果。

1）查询结果列表框。显示查询结果数据，主要包括企业内部编号、申请表编号、收发货单编号、电子口岸统一编号、申报日期、收发货单状态、收发货类型、撤销标记等基本信息。具体申报状态，企业可根据数据的状态来进行相应的操作，状态说明的具体内容如下：

①暂存：数据暂存在企业端，并没有向海关申报数据；

②数据申报成功：是指数据向海关申报，并没有向数据中心发送；

③入数据中心库失败：是指企业申报的数据被数据中心退单；

④成功入数据中心库：是指企业申报的数据成功发往数据中心，生成电子口岸统一编号；

⑤成功发往海关：是指企业申报的数据，数据中心向海关转发成功；

⑥成功入海关库：是指企业申报的数据向海关申报成功，海关审批系统将返给企业申报表预录入号，在申请表编号中显示，请企业等待海关关员审批数据；

⑦退单：是指企业申报的数据不符合要求，被海关退单或被海关审批系统自动审核退单；

⑧审批通过：是指企业申报的数据海关审批通过；

⑨撤销成功：是指外发加工收（发）货登记撤销操作获海关审批通过。

2）功能按钮。主要功能按钮如下：

①修改：在查询结果列表选中一条数据，当数据状态为暂存、入数据中心库失败、退单时，可对数据进行“修改”操作，单击“修改”按钮，进入收发货单数据录入界面，即可对数据进行修改。

②查看明细：在查询结果列表选中一条数据，点击“查看明细”，进入收发货单数据明细界面，显示收发货单全部内容和状态，可在此作“撤销”操作。

③查看回执：在查询结果列表选中一条数据，点击“查看回执”，可查询到该票数据的审批结果、审核日期、审批结果内容。

10.5　本章法律法规链接

1.《海关总署关于印发〈海关加工贸易监管业务操作规程〉的通知》（署加发〔2005〕73 号）。

2.《中华人民共和国加工贸易联网企业监管办法》（海关总署令第 150 号）。

3.《海关总署关于修改〈中华人民共和国海关对加工贸易货物监管办法〉的决定》（海关总署令第 168 号）。

11

加工贸易电子化手册

JIAGONG MAOYI DIANZIHUA SHOUCE

11.1 加工贸易电子化手册的发展历程

11.1.1 传统加工贸易的发展带来了管理理念与手段的变革

加工贸易在我国经过近 30 年的发展，形成了三个鲜明的特点，即规模大、分布广、行业多。

规模大：自 20 世纪 70 年代末 80 年代初在我国开展以来，至 1996 年加工贸易进出口总值首次超过我国外贸进出口总值的 50%，目前已经成为促进我国经济发展的一支重要力量。

分布广：我国加工贸易企业遍地开花，工厂的地域分布非常广泛，属于非园区加工、开放式的模式，是没有“围墙”的加工贸易。

行业多：开展加工贸易的企业涉及各行各业，从制鞋帽、造玩具、加工珠宝到生产电器、光机电、IT 产品，不同的行业，对保税监管的要求也不尽相同。

加工贸易的上述三个特点说明我国加工贸易的规模是非常庞大的，从海关的角度而言，监管任务是非常艰巨的。加工贸易企业管理的复杂性与海关监管的艰巨性决定了我国需要更加科学的加工贸易监管模式。

改革开放 30 多年来，我国形成了加工贸易纸本合同手册的管理模式，适应了当时加工贸易管理及经济发展的需要，对促进我国加工贸易的发展发挥了巨大的作用。但随着加工贸易出口规模的快速增长和产品结构的逐步优化，特别是IT企业“全球营销、快速交货、产品个性化、生产零库存”的发展需要，对物流速度、监管模式提出了一个很高的要求。这决定了我国需要革新现有的加工贸易监管模式。实践证明，联网监管（包括电子账册和电子化手册两种模式）适应了我国加工贸易现在的发展需要。

最近一个时期，随着经济全球化的进一步发展，我国全面融入WTO贸易体系，直接影响国内加工贸易经营模式的转变。传统的以“虚拟合同、预定计划、定额进出、事后核销”特点的纸制手册企业管理模式与海关监管模式，已经明显不适应当前加工贸易企业的实际生产经营状况。

从政治意义出发，我们还可以看出如下历史沿革：

从宏观上看，中国共产党的十六届三中全会明确指出，继续发展加工贸易，着力吸引跨国公司把具有更高技术水平的制造环节和研发机构转移到我国，引导加工贸易转型升级。

从中观上看，海关总署于2004年1月2日向海关系统下发了《加工贸易和保税监管改革指导方案》，对海关涉及的各项保税业务的发展方向进行了高屋建瓴式的阐述，成为新时期海关加工贸易业务改革的纲领性文件。

从微观上看，加工贸易联网监管已经成为海关总署、各地海关贯彻这一政治意图的具体实施手段。

11.1.2 加工贸易电子化手册形式的历史变迁

最早的联网监管只是企业利用早期的拨号网络通过计算机向海关传输简单的数据。

随着互联网及ERP的普及应用，联网监管演变为各企业按海关接口程序从ERP系统中提取数据通过网络传输至海关指定服务器，此时的加工贸易联网监管已经显示出勃勃生机，并被认为是"海关加工贸易监管的改革方向"。

随着联网监管的进一步发展及海关监管理念的转变，出现了地方区域性的公共联网平台，各联网企业以最普通的互联网为媒介按海关要求统一向平台申报数据，此时联网监管在各个地区形成了百花齐放的良好局面。

海关总署在广泛借鉴各地海关联网实践及经验的基础上，按照海关搭台、企业申报的思路，最终形成了现在的以电子口岸为公共平台，以面向广大中小型企业为特点，以H2000电子化手册为具体实现方式的加工贸易联网监管模式。

11.1.3 电子化手册的概念与特点

2008年2月，海关总署下发了《海关总署关于全面推广应用H2000电子化手册系统的通知》，要求全国海关全面推广电子化手册，并要求全国海关从2009年1月1日起，全面停止核发和使用纸本手册，改用电子化手册。

电子化手册系统是海关适应当前加工贸易新形势、新发展的需要，从简化手续、方便企业的角度出发，运用现代信息技术和先进的管理理念，以加工贸易手册为管理对象，在加工贸易手册备案、通关、核销等环节采用"电子手册+自动核算"的模式取代现有的纸质手册，并逐步通过与相关部委的联网取消纸质单证作业，最终实现"电子申报、网上备案、无纸通关、无纸报核"的新监管模式。

电子化手册是海关利用现代化信息技术和新型管理理念，在企业守法便利原则的基础上，实现有效监管和便利企业相结合的创新型管理模式。从具体操作方面来讲，它是海关以中国电子口岸为平台，通过计算机网络从实行全过程计算机管理的加工贸易企业提取监管所需的数据，与海关计算机管理系统相连接，从而实施对保税货物实施监管的一种方法。概括起来，电子化手册监管具有以下四个特点：一是进入门槛较低，适合广大中小企业；二是电子申报、网上备案，降低企业成本；三是全面取消纸本手册，便利企业通关；四是增加多项查询统计，强化企业内部管理。

11.1.4 电子化手册的一些相关概念

1. 备案资料库：加工贸易企业的所有料件、成品的预归类基本信息。内容包括：商品编码、商品名称、计量单位、是否为主料等。在电子化手册监管模式中，备案资料库获海关审核通过并建立底账后，海关返给企业备案资料库编号，企业方可进行通关手册备案。

2. 通关手册：与原来纸本手册相同，即纸质手册的电子化。内容包括：成品、料件和单耗等。海关审批通过后返给企业通关手册编号，企业即可进行进出口通关业务操作。

3. 主料管理：主要物料的管理。表明海关将重点监管企业的主要物料。

4. 加贸权限管理：主要是针对企业进行代理报关时，企业需要授权给代理公司进行报关操作。

11.2 H2000 电子化手册的操作流程

11.2.1 电子化手册业务流程

电子化手册业务流程如下：

技术准备—业务准备—申请业务批准证—备案资料库备案—电子化手册备案和变更—保证金台账管理—进出口通关—电子化手册报核—纸本手册切换。

11.2.2 技术准备

1. 申办 I – KEY 卡。

2. 开通互联网。

3. 安装企业端或报关行端计算机。

4. 调试企业端或报关行端计算机。

11.2.3 业务准备

整理料件、成品资料。对需在备案资料库中备案的料件、成品进行预归类和预归并。预归类即确定料件和成品对应的商品编码，然后在预归类基础上，对料件和成品进行预归并。

11.2.4 归并关系备案

企业对最基础的物料进行归类、归并，向主管海关加工贸易监管部门提出申请。申报要求如下：

1. 货物的中文名称。应参考《进出口税则》的中文品名，以明确、具体、规范的学名或行业认可的商品中文名称申报，不能以不规范的俗称或一类商品的统称申报，如“塑料胶粒”、“板材”、“混纺布”、“服装辅料”、“照相机成套散件”等。

2. 监管计量单位。当企业自用计量单位和商品法定计量单位不能满足海关监管需要时，应按照海关监管要求填报监管计量单位，以及不同计量单位之间转换的比例因子。对已发布单耗标准的商品，应按单耗标准的计量单位进行备案。

3. 规格型号。应能具体反映品质、规格、型号、结构原理、功能、用途、成分等内容。

11.2.5 申请加工贸易业务批准证

企业凭加工贸易合同资料向商务主管部门申领“加工贸易业务批准证”，并凭以向海关备案电子化手册。企业向海关申请合同变更前，须向商务主管部门申请业务批准证变更证明。此操作与纸本登记手册模式相同。

11.2.6 备案资料库备案

企业登陆电子口岸企业端系统，通过“无纸化手册”子系统备案资料库备案功能，分别录入基本信息、料件表、成品表等备案数据。一个企业只能有一份审批通过的备案资料库，一份备案资料库可对应多份电子化手册。操作时要注意以下事项：

1. “加工贸易企业”栏目为必填项，系统根据 I－KEY 自动识别返填加工单位企业名称。若此处不能自动识别为加工单位企业名称的，需人工将其改为加工单位，主要是指无法人卡的加工单位。

2. “生产能力”栏目可根据商务主管部门出具的生产能力证明的年产数量折算成美元录入。

3. “企业内部编号”栏目不能有中文字符。

4. 料件表中的料件货号和成品表中的成品货号为非必填项。企业填入后，只能删除不能变更；如需修改，可先将该料件或成品货号删除后，再重新新增录入。

5. 备案资料库申请录入及申报完成后，用户可通过查询菜单查询到该备案的明细数据、备案状态和回执内容。

11.2.7 电子化手册备案

在海关审核通过备案资料库后，企业才可以向海关申请电子化手册备案，根据商务主管部门出具的“加工贸易业务批准证”内容依次录入合同备案的“基本信息”、“料件表”、“成品表”、“单损耗表”等。操作时注意以下事项：

1. 企业内部编号：最多 20 位字符，由企业自行编号，且须保证在企业内部具有唯一性，不得含有中文字符，不能与备案资料库的企业内部编号相同。

2. 协议号：非必填项。最多32个字符。

3. 批准文号：必填项。最多20个字符，由企业自行填写。录入“加工贸易业务批准证”编号缩写，具体编号详细录入备注栏内。

4. 管理对象：必填项。须与备案资料库的管理对象一致。

5. 填写料件表和成品表时，“料件（成品）序号”、“处理标志”由系统自动生成，“记录号”、“商品编码”、“附加编码”、“商品名称”、“规格型号”、“计量单位”、“法定计量单位”等无须录入，只需通过“备案资料”调用备案资料库中相应的料件（成品）即可，企业再按“加工贸易业务批准证”审批情况录入合同的“申报数量”、“申报单价”、“币制”、“产销国”等。

6. 用户在录入单损耗时，“损耗率”录入百分号前的数字则可。如损耗率为8%，只需填写“8”则可。

7. 企业在向海关报送备案数据前，可点击平衡检查确认录入数据是否符合格式要求和备案合同是否进出平衡，以便及时修改。

海关审核通过备案后，系统自动建立12位编号的备案资料库并自动将电子化手册编号反馈给企业端。电子化手册编号为12位，第1位是“B”或“C”，表示合同类型分别为来料加工合同或进料加工合同；第2~5位为主管海关关区代码；第6位为年份，如2007年则为“7”；第7位为企业性质代码；第8~12位为顺序号，从50001开始计数，如C52307450004。

11.2.8 保证金台账管理

海关通过通关备案审批后，计算机系统根据备案内容生成保证金台账备案联系单。企业到主管海关加工贸易监管部门领取联系单，到银行办理保证金台账开设手续后，将银行回执交给主管海关。有关业务操作与纸本登记手册相同。

11.2.9 进出口通关

企业自行录入、申报报关单的，通过企业端系统“报关申报”功能，按照电子化手册已备案的料件和成品填制报关单，并向海关申报进出口报关单数据。报关申报子系统的操作详见《中国电子口岸报关申报操作手册》。报关单的录入见海关总署2004年第34号公告《中华人民共和国海关进出口货物报关单填制规范》。企业办理进出口通关手续时，无须提供电子化手册的纸质材料。

企业进行异地报关或委托中介机构代理报关时，须在本地企业端系统“加贸权限管理”功能进行电子授权操作。

11.2.10 电子化手册报核

企业在企业端系统点击“无纸化手册”子系统界面的“数据报核”菜单选择“数据报核”功能，录入表头、报关单、进口料件、出口成品、单损耗等五个表。

“表头”为企业报核的基本信息，包括“进口报关单份数”、“出口报关单份数”、“报核料件项数”、“报核成品项数”等栏目。在企业填写完“报关单”、“进口料件”、“出口成品”表后由系统自动返填。“报关单”为该手册中海关已审结的报关单信息；企业填制“报关单”时，可手工录入需报核的报关单信息，也可点击按钮栏上的“导入”按钮，系统可自动从服务器上提取出该手册需报核的报关单数据，并填入报关单表体中。“进口料件”和“出口成品”为企业在报核时，料件和成品的进、出、转、存、耗等数据。“单损耗”为企业报核时需修改的单损耗数据，不需要修改的单损耗数据无须发送。

电子化手册报核数据状态显示“数据成功入海关”字样的，说明数据发送成功并经海关系统接收成功，则可持有关报核资料向主管海关加工贸易监管部门申请核销、结案。电子化手册报核数据状态显示“退单”字样的，企业须联系海关了解退单原因后，调出退单的报核数据，并对“基本信息”、“报关单表”、“料件表”、“成品表”、“单损耗表”的报核数据进行修改后，再次向海关申报。电子化手册报核数据状态显示“手册结案”字样的，则说明海关在计算机系统对企业报核数据进行审核，审核无误的，予以通过核销、结案。

对未发送的电子化手册报核数据进行修改，企业可通过“数据报核”菜单的“数据报核查询”功能进行调用。

11.2.11 纸本手册切换

企业电子化手册备案后，在电子化系统运行稳定的基础上，应在规定时限内完成所有纸本登记手册核销手续，将纸本登记手册的业务切换到电子化手册来运作。

电子化手册备案建立后，原则上不备案新的纸本登记手册。对在规定时限内仍未到期的纸本登记手册，企业应将未加工出口的料件结转到电子化手册。

11.3 电子化手册和现有纸质手册监管模式的主要区别

电子化手册与现有纸质手册监管模式的主要区别见表 11－1。

表 11－1　电子化手册与纸质手册监管模式区别对照表

项目＼手册	电子化手册模式	现有纸质手册模式
身份认证	通过企业操作员 IC 卡进行身份认证，安全性强	无身份认证，安全性差
手册办理	企业无须办理分册、手册续本等手续，降低手册遗失、盗抢等风险，可多口岸报关	多口岸报关手册周转不便，企业须频繁办理分册、手册续本等手续
合同审核	备案资料库管理，一次预归类审核	逐本合同进行审核归类
审核时间	企业可实现 24 小时申报，计算机 24 小时电子审核	人工审批，8 小时工作
核对方式	自动核对核算，准确快速	人工核对核算，耗时费力，容易出错
管理方式	通过中国电子口岸统一平台，提供相关数据查询及导出功能，方便企业管理	进出口数据分散，管理方式单一、手段落后

11.4　电子化手册的单损耗申报

11.4.1　单耗申报环节和状态

1. 单耗申报环节（表头，一本手册一个申报环节）：

1）备案；

2）出口前（结转前、内销前）；

3）报核前。

2. 单耗申报状态（成品表，一种成品一个状态）：

1）企业不申报；

2）企业申报；

3）海关核定。

3. 非保税料件比例（料件表，一种料件一个比例）。

11.4.2 如何申报单耗

1. 企业选择在备案时申报：

1）单耗申报环节应选择“备案”；

2）填写申报单耗及非保税料件比例；

3）每个成品的单耗申报状态均应选择“企业申报”。

2. 企业选择在出口前（结转前、内销前）申报。

1）备案：

①单耗申报环节应选择“出口前”；

②填写成品备案单耗及非保税料件比例；

③成品的单耗申报状态为“企业不申报”。

企业确定在备案时申报部分成品单耗的（出口前不需要再申报），该成品申报状态应为“企业申报”。

2）申报单耗（变更）：

①填写申报单耗及非保税料件比例；

②每个成品的单耗申报状态均应选择“企业申报”。

3. 企业选择在报核前申报（需经主管海关同意）。

1）备案：

①单耗申报环节应选择“报核前”；

②填写成品备案单耗及非保税料件比例；

③成品的单耗申报状态为“企业不申报”。

企业确定在备案时申报部分成品单耗的（报核前不需要再申报），该成品申报状态应为“企业申报”。

2）申报单耗（报核）：

①填写申报单耗及非保税料件比例；

②每个成品的单耗申报状态均应选择“企业申报”。

11.4.3 非保税料件比例申报问题

11.4.3.1 关于只能申报料件总体非保税料件比例问题

具体表现：由于“非保税料件比例”字段在料件表，对于涉及多个成品又存在非保税情况的料件，只能申报该料件的总体非保税料件比例，不能具体到某项成品。

原因：H2000系统单耗表无空余字段，技术上暂无解决办法。

解决办法及建议：不同成品耗用同一种料件的，对该种料件进行分项备案，如成品1（电视机外壳）、成品2（电视机主板）均耗用PVC塑料，且非保税料件比例不同，则将PVC塑料分成两项备案，备案各自的非保税比例。申报单耗时，各自对应成品1、成品2申报耗用PVC塑料的单耗。

优点：一是企业易于区分不同成品备案非保税料件比例；二是便于监控分析。

缺点：需要重复备案料件，增加操作。

11.4.3.2 非保税料件比例无法更改的问题

具体表现：非保税料件比例一经申报，无法更改。

原因：系统设置所致。当时提交的业务需求里是可以改的，建议系统进行修改更新。

解决办法及建议：在系统未修改完善前，建议在下面所列的两种方案中选择其中一种进行操作。这两种方案用于解决企业无法在申报单耗同时准确申报非保税料件比例的问题，如果企业可以准确申报非保税料件比例，请按正常申报程序执行。

方案一：对于有非保税情况的料件，备案两项料件，一项为完全保税进口，比例报0%；另一项为完全非保税，比例报99%。报核时通过调整这两项料件的数量，达到间接调整非保税料件比例的效果。

优点：不需要在 H2000 系统中调整非保税料件比例。

缺点：一是需要变更单耗（无法操作）；二是单耗值受非保税料件因素影响而变化，不利于单耗监控分析；三是需要重复备案料件，增加操作。

方案二：对于有非保税情况的料件，在业务上允许企业报核时变更比例。企业申报单耗为包含保税、非保税在内的所有料件的单耗（如有单耗标准应不超标）。报核时企业提交纸质非保税料件清单及比例，海关通过人工核算核销手册。

优点：不需要在 H2000 系统中调整非保税料件比例。

缺点：一是增加纸质非保税料件清单；二是报核时需要人工核算（不平衡）。

11.5 电子化手册的权限管理

11.5.1 身份认证卡介绍

在电子账册或电子化手册监管模式下，企业使用当地电子口岸数据分中心核发的电子口岸身份认证卡（以下简称身份认证卡）向海关申请办理加工贸易备案、变更、核销、外发加工、深加工结转、内销征税、进出口报关等等业务，无须使用纸本手册。

11.5.2 身份认证卡的种类

加工贸易企业开展保税加工业务时，使用的身份认证卡种类包括法人卡、经理卡和操作员卡（特殊情况下可用做虚拟法人卡）三种。法人卡和经理卡用 IC 卡制成；操作员和虚拟法人卡可选择用 IC 卡或 I-KEY 卡制成。

11.5.2.1 法人卡

有独立法人资格的加工贸易企业办理法人卡。加工贸易企业在办理电子口岸入网申请前，应向当地制卡代理点或制卡中心提供有关的资料，办理法人卡制卡手续。经工商、税务、质检、商务、海关、外汇等六个部门入网资格审查同意后，由当地制卡代理点或制卡中心予以制卡并向加工贸易企业发放法人卡。

加工贸易企业持法人卡可办理以下五项业务：注册企业信息、注册企业权限、注册本企业操作员、注册本企业操作员权限、管理企业的企业操作员卡。

11.5.2.2 经理卡

部分加工贸易企业没有法人资格，无法制作法人卡。此类加工贸易企业可制作经理卡。加工贸易企业在办理电子口岸入网申请前，应向当地制卡代理点或制卡中心提供有关的资料，办理经理卡制卡手续。经海关主管部门批准后，由当地制卡代理点或制卡中心予以制卡并向加工贸易企业发放经理卡。

经理卡在办理海关业务方面的功能和权限，与法人卡基本相同，但除海关业务外，企业不能持卡办理其他部门业务。

11.5.2.3 操作员卡

企业法人卡或经理卡制作完成后，加工贸易企业可向制卡中心提供有关的资料，办理操作员 I－KEY 卡制卡手续，资料齐全的，由制卡中心予以制卡并向加工贸易企业发放操作员 I－KEY 卡；或向当地制卡代理点提供有关的资料，办理操作员 IC 卡制卡手续，资料齐全的，由当地制卡代理点予以制卡并向加工贸易企业发放操作员 IC 卡。

加工贸易企业持操作员卡，通过电子口岸系统进行相关业务操作，如报关申报、手册/账册的备案（变更）、报核申报等。

11.5.2.4 虚拟法人卡

无独立法人资格的加工贸易企业尚未申办经理卡的，可持任意一张企业操作员卡向主管海关申请制作虚拟法人卡。经主管海关审核同意后，主管海关进行授权操作，将上述操作员卡授权为加工贸易企业的虚拟法人卡。

加工贸易企业使用虚拟法人卡进入“加贸权限管理系统”，对物料、备案资料库、手册（账册）等数据进行授权操作。虚拟法人卡用于其他系统时，按原操作员卡功能进行操作即可。

11.5.3 备案资料库授权类型

1. 备案资料库操作权：对备案资料库的备案和变更操作权。

2. 备案资料库调用权：操作员被授予备案资料库操作权后，进行通关手册备案时，可使用“备案资料”功能调用备案资料库的料件和成品。

3. 备案资料库操作调用权：既有备案资料库操作权又有备案资料库调用权。

11.5.4 手册授权类型

1. 手册备案操作权：对通关手册进行通关备案、报核的申报和变更操作权。

2. 代理报关权：在报关单备案号中录入电子化手册编号后对手册数据的调用权和报关单的查询、修改、下载、上载及申报权。

3. 备案操作代理报关权：既有备案操作权又有代理报关权。

11.5.5 如何授权和取消授权

1. 企业在备案资料库和手册备案录入时，选择经营单位或加工单位为该备案资料库/手册的管理对象。备案资料库/手册在审批通过后，管理对象即生效。

2. 企业间备案资料库/手册授权：管理对象生效后，管理对象的法人卡向非管理对象的法人卡授予（取消）备案资料库/手册权限。

3. 企业内备案资料库/手册授权：非管理对象的法人卡被授权后，可向本企业的操作员卡授予（取消）备案资料库/手册权限。非管理对象只能在管理对象授予的权限范围内对其操作员卡授予（取消）权限。

11.6 电子化手册常见问题及解答

11.6.1 备案资料库备案有哪些注意事项?

备案资料库备案应注意以下事项：

1. 需考虑纸本手册的余料结转问题，相应的料件 HS 编码及名称应保持一致。

2. 需考虑与转厂供应商商品编码、商品名称、计量单位的一致性。

3. 注意商品编码、商品名称、计量单位的全局考虑，因备案资料库为一次性审批，除商品编码升级外，其他资料的变更不允许直接修改或删除，只能新增。

4. 企业内部归并物料时，同一料号不能对应两个或两个以上不同 HS 编码及商品名称，避免一对多问题。

5. 一家企业只备案一份备案资料库；一份备案资料库可以对应多本手册。

6. 当备案资料库在申报状态下，企业不允许进行修改和变更，必须等待海关的“审批通过”或“退单”才可以进行修改申报。

7. 企业内部编号不能有汉字，且不可以与通关手册的企业内部编号一致。

8. 经营单位和生产单位不一致的，其备案资料库发生变更后，须再进行企业间和企业内的备案资料库授权后，才可进行通关手册变更。

11.6.2 通关手册备案有哪些注意事项?

通关手册备案应注意以下事项：

1. 通关手册备案商品编码超出备案资料库备案范围时，电子退单。

2. 对禁止类商品、贸易管制商品，计算机系统会转人工审批，企业须凭有效证件，到海关递单办理备案手续（涉证管理）。

3. 企业须在海关审核通过后，根据海关出具的银行台账联系单至银行办理台账相关手续，并将银行开设的联系单回执交至海关登记（空转/实转）。

4. 若通关手册备案金额在1万美元以内，无需开设台账。

5. 通过电子审核的数据，海关内网系统将建立通关备案底账，对货物进出口报关数据进行实时监控。

6. 料件表和成品表中的“产销国”虽为非必填项，但必须填写。

11.6.3 什么是商品归并?

商品归并是指企业在商品归类的基础上，根据企业实际和海关监管需要，对生产管理的物料进行合并，建立合并对应关系的过程。

11.6.4 企业进行商品归并时应遵循什么原则?

企业进行商品归并时应遵循以下原则：

1. 同时符合下列条件的料件予以归并：

1）10位商品编码相同的；

2）海关监管计量单位相同的；

3）企业自编计量单位相同的；

4）货物名称相同，或虽然货物名称不同，但货物属性及功能用途相同或相近，或可替代使用的；

5）能满足海关查验和内销征补税等监管要求的。

2. 有以下情况之一的料件不作归并：

1）不能符合上述第1点中所列条件的不作归并；

2）涉及特别关税管理的商品不归并；

3）因管理需要，海关或企业认为需单列的商品，可不作归并。

3. 同时符合下列条件的成品原则上可予以归并：

1）10位商品编码相同的；

2）海关监管计量单位相同的；

3）企业自编计量单位相同的；

4）货物名称相同，或虽然货物名称不同，但货物属性及功能用途相同或相近的；

5）能满足海关查验等监管要求的；

6）对应料件组合及单耗相同或相近的。

4. 有以下情况之一的成品不作归并：

1）不能符合上述第3点中所列条件的不作归并；

2）主管海关从单损耗、贸易管制、征免税、规格型号、单价、税率等方面考虑认为需重点监管的商品，不作归并；

3）企业因管理需要提出需单列的，可不作归并。

11.6.5 在电子化手册上线前，企业需要办理哪些相关手续？

在电子化手册上线前，企业需要办理以下相关手续：

1. 及时到当地分中心电子口岸制卡点办理IC卡业务。来料：入网与办理IC卡业务；三资：IC卡权限分配。

2. 需要自行录入及申报数据的企业，按照海关要求配置好电脑设备，到海关指定地点安装 QP 系统。

3. 企业内部指定相关关务人员与技术人员负责电子化手册系统的上线及应用。

4. 整理好备案资料库的资料，做好料件和成品的预归类工作。

5. 参加当地海关或其他合法机构组织的业务和技术上的相关培训。

11.6.6 电子化手册的总体操作流程包括哪些内容?

电子化手册的总体操作流程包括以下四方面内容:

1. 备案资料库的备案（相当于纸质手册的报关凭证预审核)。

2. 通关手册的备案（合同备案)。

3. 进出口报关（与纸质手册报关流程一致)。

4. 数据报核（合同核销)。

11.6.7 电子化手册备案资料库的备案流程包括哪些内容?

1. 企业到当地的报关协会或相关机构审定商品编码，或者自行审定（可选)。

2. 企业向当地商务主管部门申请年加工生产能力证明（注:审核结果尽量为以万美元为单位的金额数据）。

3. 电子录入及申报。可以通过以下三种方式进行:

1）企业安装 QP 系统进行录入及申报;

2）使用经海关与分中心认证的第三方软件（如宏桥科技 EPM 系统）录入及申报;

3）企业带操作员 I - Key 卡，到海关现场、报关行进行录入及申报。

4. 电子申报通过后，打印出纸面资料到海关现场递单审核。

11.6.8 电子化通关手册的备案流程包括哪些内容?

1. 商务主管部门审批。

2. 电子录入及申报（同备案资料库途径一样）。

3. 海关审核通过后，电子通知企业到海关现场递交纸面的相关单证；海关审核不通过，返给退单回执信息。

4. 海关现场审核通过后，出具银行台账开设联系单（如需开设台账）。

5. 企业凭台账开设联系单到银行办理台账手续。

6. 银行开设台账联系单回执，海关登记回执后，系统正式生成电子化通关手册。

11.6.9 电子化手册数据报核的流程包括哪些内容?

1. 核销资料录入与电子申报。有以下三种方式：

1）通过 QP 系统进行录入及申报；

2）使用海关、分中心认证的第三方软件录入及申报；

3）企业自带操作员 IC 卡，到海关现场、报关行进行录入及申报。

2. 海关审核通过后，返给企业通过信息，企业到海关业务现场提交相关单证；审核不通过，返给回执退单信息。

3. 现场单证审核通过后，对电子化手册进行结案，并出具银行台账核销联系单。

4. 企业凭台账核销联系单到银行办理台账核销手续。

5. 企业到海关办理台账核销单回执登记，核销完毕。

11.7 本章法律法规链接

1. 《中华人民共和国加工贸易联网企业监管办法》（海关总

署令第 150 号)。

2.《中华人民共和国海关加工贸易单耗管理办法》(海关总署令第 155 号)。

3.《海关总署关于修改〈中华人民共和国海关对加工贸易货物监管办法〉的决定》(海关总署令第 168 号)。

12 对经营保税业务企业的稽查

DUI JINGYING BAOSHUI YEWU QIYE DE JICHA

12.1 对保税加工贸易企业的稽查

加工贸易企业包括经海关注册登记的经营企业和加工企业。经营企业是指负责对外签订加工贸易进出口合同的各类进出口企业和外商投资企业，以及经批准获得来料加工经营许可的对外加工装配服务公司。加工企业是指接受经营企业委托，负责对进口料件进行加工或者装配，且具有法人资格的生产企业，以及由经营企业设立的虽不具有法人资格，但实行独立核算并已经办理工商营业执照的工厂。

12.1.1 海关对加工贸易的主要管理规定

1. 除国家另有规定外，加工贸易进口料件免于向海关提交进口许可证件，但出口制成品属于出口许可证件管理的，则需提交出口许可证件。

2. 加工贸易进口料件实行保税监管，待加工成品出口后，海关根据核定的实际加工复出口的数量予以核销，对按照规定进口时先征收税款的，待核定出口数量后退还税款。加工贸易出口产品属于应征收出口关税的要按规定征收。

3. 加工贸易货物不得抵押、质押、留置，海关按规定实行担保制度。

4. 经营企业持以下证件向加工企业所在地主管海关办理备案手续：

1）主管部门签发的同意开展加工贸易业务的有效批准文件；

2）经营企业或受委托加工企业，应当提交主管部门签发的“加工贸易加工企业生产能力证明”；

3）经营企业对外签订的合同；

4）海关认为需要提交的其他证明文件和材料。

5. 加工贸易货物可以从境外或者海关特殊监管区域、保税仓库进出口，也可以通过深加工结转方式转入、转出。

6. 经营企业可以开展外发加工业务，并应当将外发加工的成品、边角料、剩余料件、残次品、副产品等加工贸易货物运回。

7. 未加工的保税进口料件可以退换。

8. 经营企业应当在规定期限内将进口料件加工复出口，并自手册的最后一批成品出口或手册到期之日起，或合同因故提前终止之日起30日内向海关报核。

9. 经营企业应当如实申报进口料件、出口成品、边角料、剩余料件、残次品、副产品及单耗等情况，并提交手册、报关单及海关要求提交的其他单证。

10. 有关料件和成品、副产品不准擅自内销，因故需要转为内销的，海关凭商务主管部门批准，按一般贸易进口货物的规定办理进口手续，并加收缓税利息。属于国家限制进口商品还应提交进口许可证件。成品按对应的原进口料件，副产品按报验状态归类申报。

11. 需内销的剩余料件或使用剩余料件生产的制成品、残次品对应进口料件价值，金额占该合同实际进口总额3%以内（含3%）、且总值在人民币1万元以下（含1万元）的，免予商务主管部门审批和免于提交许可证件，直接向海关征税核销。

12. 需内销的边角料，免于商务主管部门审批，按报验状态归类后的税率计征税款。

13. 对不可抗力因素造成灭失或虽未灭失但完全失去使用价值且无法利用的受灾保税货物，可免税核销。因其他正当理由导致的受灾保税货物按规定照章征税，提交许可证件。

14. 同一企业进料加工的保税料件与非保税料件可以遵循同品种、同规格、同数量、不牟利的原则进行串换。来料加工保税进口料件不得串换。

15. 保税工厂、进料加工保税集团、联网监管企业、保税区和出口加工区等海关特殊监管区域内企业开展加工贸易业务，按照海关相关的管理规定办理。

12.1.2 对加工贸易企业稽查的重点

1. 了解企业的状况，如企业性质，内部控制制度，加工企业的生产能力，账簿、报表及其他有关单证的设置情况，厂房、设备来源，有无国内销售等。

2. 核实进出口商品与进出口报关单证是否相符，商品名称、数量、价值是否如实申报，有无低报、违报、瞒报情事等。

3. 核实进出商品流向是否合理，即其进口、存储、转让、转移、销售、加工、使用、出口等是否符合海关有关规定，加工后的成品是否全部出口，有无擅自串换料件或擅自内销情事，有无抵押、质押、留置等。

4. 核实企业的实际生产单耗与报核单耗是否一致，生产使用原料比例是否与报核情况一致；如不一致，其剩余原料及加工后成品是否出口，是否在库；如内销，是否经海关核准，是否如数补交税款。余料、边角料、残次品、副产品等是否如实向海关申报处理。

5. 核实深加工结转情况，如有无空转、少送货或少结转等情况。

6. 核实有无发外加工情况，有无将加工贸易货物转卖给承揽企业等。

12.1.3 对来料加工企业的稽查

来料加工是指进口料件由境外企业提供，经营企业不需要付汇进口，按照境外企业的要求进行加工或者装配，只收加工费，制成品由境外企业销售的经营活动。国家税务总局规定来料加工进口原材料、零配件免征增值税、消费税。

外商提供来料加工的料件是免费的，经营企业收到的料件也是不付款的，在正式的会计科目中无法反映，因此应在财政部颁发的会计科目之外用“外商来料”科目来记录料件的进口、加工使用及结存情况。仓库账也应设置“来料加工进销存账”来如实记录料件和成品的进出存情况。来料加工的保税料件要求专库存放、专账登记、专人管理和专料专用。

12.1.3.1 对来料加工经营企业的稽查

来料加工经营企业包括外贸、工贸等各类进出口企业、外商投资企业和对外加工装配服务公司。

1. 会计处理。经营企业在收到外商提供的料件时，在表外科目“外商来料”账户的贷方记录料件的品种、规格、数量、价值，即凭料件的入库单和外商提供的价格进行单式记账，假设料件数量10吨，价值10万元（人民币，下同），在“来料加工进销存账”中如实记录入库，会计账务处理为：

贷：外商来料　　　　100000

经营单位将外商提供的料件拨给加工企业时，也是不计价的，因此，也在表外科目“拨出来料”的借方或“外商来料”的借方反映。在“来料加工进销存账”中如实记录出库，会计账务处理为：

借：拨出来料（外商来料）　　100000

“拨出来料”和“外商来料”一样均不是正式账簿使用的会计科目，不必遵守有借必有贷的原则，只需在科目的借方或贷方登记外商供给经营企业或经营企业拨给加工企业的料件品种、规格、数量、价值等。

加工成品出口后收取外商的工缴费2万元，会计账务处理为：

借：银行存款　　20000

　　贷：主营业务收入　　20000

支付给加工企业加工费作为成品出口销售成本的组成部分，会计账务处理为：

借：主营业务成本　　10000

　　贷：银行存款　　10000

同时冲销来料，会计账务处理为：

借：外商来料　　10000

　　贷：拨出来料（外商来料）　　100000

产品因故内销或外商用提供的料件抵偿工缴费，需按规定办理各种批准手续。

产品因故全部或部分不能出口，需将不能出口部分办理入库的会计账务处理。如全部不能出口，会计账务处理为：

借：库存商品　　100000

　　贷：其他应付款　　100000

按规定补缴关税（假设关税率为10%），会计账务处理为：

借：库存商品　　10000

　　贷：银行存款　　10000

补缴进口环节增值税（增值税率为17%），会计账务处理为：

借：应交税金－应交增值税（进项税款）18700

　　贷：银行存款　　18700

经海关批准在国内销售，增值税发票价款13万元、税款2.21万元，价税合计15.21万元，会计账务处理为：

借：银行存款　　152100

　　贷：主营业务收入　　130000

　　　　应交税金－应交增值税（销项税款）　　22100

结转商品销售成本11万元，会计账务处理为：

借：主营业务成本　　110000

　　贷：库存商品　　110000

扣缴工缴费2万元后，将多余货款支付给外商，会计账务处理为：

借：其他应付款　　100000

　　贷：银行存款　　80000

　　　　主营业务收入　　20000

2. 稽查侧重点。从以上会计处理可见，来料加工因为不涉及资金支付，所以无论是业务操作还是会计账务处理都比较简单。在实际稽查中要从表外科目中查找外商提供料件情况和拨给加工企业进行加工及料件的结存情况是否与进口报关情况相符。在"主营业务收入"、"主营业务成本"账户中查找完工后收取工缴费及支付加工费用情况，以核实企业是否将外商提供的料件全部出口，有无擅自销售料件或成品等违反规定的行为。

12.1.3.2 对来料加工加工企业的稽查

加工企业开展来料加工时，外商或外贸等经营企业提供的料件，在正式账簿中没有记录，而是通过辅助账簿进行登记。接收外商或外贸等经营企业提供的料件计入表外科目"外商来料"账户的贷方。加工生产发生的各项费用的核算因企业生产经营不同而不同。

1. 在生产本企业产品的同时，进行来料加工的核算情况如下：

1）会计处理。加工企业收到经营企业拨来的加工料件时，应在“备查账”中作记录或在表外科目“拨出来料”贷方中作记录，会计账务处理为：

贷：拨出来料　　　　　　　　　　100000

这类企业有本企业的正式产品，来料加工只是企业业务的一部分，所以在产品进行成本核算时，所发生的费用（不含产品直接耗用的原材料）按所耗用的工时进行分配，分别计算出各种产品的成本。一般在计算中用对外加工产品来计算加工产品期间成本，或按双方定的加工费进行结算，以减少本期的产品成本。

分配应分担费用，会计账务处理为：

借：制造费用　　　　　　　　　　5000

　　贷：银行存款（或应付工资）　　　　5000

收取加工费，增值税发票价款1万元、税款1700元，价税合计1.17万元，会计账务处理为：

借：银行存款　　　　　　　　　　10000

　　贷：主营业务收入　　　　　　　　10000

　　　　应交税金－应交增值税（销项税款）　　1700

结转销售成本时，会计账务处理为：

借：主营业务成本　　　　　　　　5000

　　贷：制造费用　　　　　　　　　　5000

2）稽查侧重点。要稽查加工产品的数量，可通过成本计算表（或费用分配表）、生产车间的产品生产单（BOM表）和仓库的“来料加工进销存账”，参考企业在海关备案或核销合同的单耗及应加工产品数量来对比核实企业申报是否相符。加工料件的耗用定额，可以根据企业的BOM表，运用加权平均法计算出实际单耗来比较核实企业的申报单耗。来料加工的料件不准串料，如使用国产料件要向海关申报，因此注意按照生产单列明的具体品种、规格、数量等核实料件的使用情况。

2. 没有本企业产品、专门经营加工业务的企业的核算情况如下：

这类企业在每个成本核算期内所发生的费用，按所有期间加工产品各自耗用工时分摊各种加工产品的成本。具体的加工料件与产品数量反映在成本计算表中。

收取加工费，会计账务处理为：

借：银行存款　　　　　　　　　　10000

　　贷：主营业务收入　　　　　　　　　　10000

　　　　应交税金－应交增值税（销项税款）　　1700

结转销售成本时，会计账务处理为：

借：主营业务成本　　　　　　　　5000

　　贷：制造费用　　　　　　　　　　　　5000

有的是按合同所规定的加工费进行结算，具体的加工料件与产品数量反映在结算单上。

加工合同执行完毕，如出现留有剩余进口料件、边角料、残次品、副产品等情况，企业应如实向海关申报后按照有关规定处理。根据加工成品数和外商提供的料件及耗用数、出口数等资料，可核定剩余料件；根据企业与外商签订的合同和海关掌握的价格或市场价格，可以核定剩余料件是否在海关规定范围内。在规定范围内，免予商务主管部门审批、免交许可证件，但要征税；超过规定范围，按料件照章征税。料件入库，会计账务处理为：

借：原材料　　　　　　　　　　　10000

　　贷：营业外收入　　　　　　　　　　　10000

缴纳关税，会计账务处理为：

借：原材料　　　　　　　　　　　　　1000

　　贷：银行存款　　　　　　　　　　　　1000

缴纳进口环节税，会计账务处理为：

借：应交税金－应交增值税（进项税款）1700

　　贷：银行存款　　　　　　　　　　　　1700

12.1.3.3 对外商提供加工贸易不作价设备的稽查

1. 加工贸易不作价设备的主要规定。加工贸易不作价设备是指与加工贸易经营企业开展加工贸易的境外厂商在加工贸易合同项下以免费方式（不需境内经营单位付汇、也不需用加工费扣付或出口产品减价等方式偿还）提供给境内经营企业的加工生产所必需的设备。其主要规定如下：

1）加工贸易不作价设备主要指来料加工项下的不作价设备。

2）除属于国家明令禁止进口的商品目录和《外商投资项目不予免税的进口商品目录》所列商品外，均可以向海关申请办理保税进口。

3）按减免税设备进行管理，监管期5年，每年年审，到期退还，不需退运的需按规定办理相应手续。监管期限未满而提前解除监管的，企业须补缴关税、进口环节税，海关凭相关进口许可证件及其他单证办理解除监管手续。

4）对要求提前解除监管和监管年限已满要求留在境内继续使用的不作价设备，视同进口旧机电产品。

2. 会计处理。不作价设备保税进口时，登记为“固定资产卡－借用”或“捐赠固定资产”，无须作会计账务处理。

如提前解除监管和监管年限已满要求留在境内继续使用的，按海关估价入账，会计账务处理为：

借：固定资产　　　　　　　　　　　10000

贷：营业外收入　　10000

补缴关税，会计账务处理为：

借：固定资产　　1000

贷：银行存款　　1000

补缴进口环节税，会计账务处理为：

借：应交税金－应交增值税（进项税款）　1870

贷：银行存款　　1870

3. 稽查侧重点。加工贸易不作价设备必须是不作价的，可以由外商免费提供，也可以是免费借用（临时进口不超过半年的单件的模具、机器除外）。查看固定资产登记卡，并核对实物，是否是加工生产所必需的设备。

12.1.4 对进料加工企业的稽查

进料加工是指进口料件由经营企业付汇进口，制成品由经营企业外销出口的经营活动。

12.1.4.1 对进料加工经营企业的稽查

进料加工经营企业主要有内资企业（外贸、工贸）和外商投资企业。内资企业（外贸、工贸）主要委托其他企业加工生产复出口，也有自行加工的；外商投资企业一般是自行进料生产复出口。

1. 内资企业（外贸、工贸）的会计处理。其为加工出口产品进口的料件，因监管方式不同，企业会计在账务处理上也有所不同：

1）进口环节会计处理。假设某外贸公司进口一批进料加工料件，价值100万元。

如用银行存款支付进口料件款，办理进口料件验收入库手续，会计账务处理为：

借：库存商品　　　　　　　　　　1000000

　　贷：银行存款　　　　　　　　　　1000000

如为赊购或远期信用证付款，会计账务处理为：

借：库存商品　　　　　　　　　　1000000

　　贷：应付外汇账款　　　　　　　　1000000

支付货款，会计账务处理为：

借：应付外汇账款　　　　　　　　1000000

　　贷：银行存款　　　　　　　　　　1000000

2）生产加工环节会计处理。在委托加工方式下，根据进口料件和成品的付款情况分为：

①进口料件调拨给加工生产企业，料件不作价，加工完成后，支付加工费。会计根据有关合同和料件调拨单（或出库单）作会计分录：

借：委托加工商品　　　　　　　　1000000

　　贷：库存商品　　　　　　　　　　1000000

加工完成后，支付加工费40万元，并依据加工费作会计分录：

借：委托加工商品　　　　　　　　400000

　　贷：应交税金－应交增值税（进项税额）　68000

　　　　银行存款　　　　　　　　　　　　　468000

产品验收入库后，会计依入库单作会计分录：

借：库存出口商品　　　　　　　　1400000

　　贷：委托加工商品　　　　　　　　1400000

②进口料件与加工后的成品相互作价，互抵后再进行结算。

将进口料件作价拨给加工单位，会计账务处理为：

借：应收账款　　　　　　　　　　1000000

　　贷：库存商品　　　　　　　　　　1000000

加工后成品作价并验收入库，会计账务处理为：

借：库存出口商品　　　　　　　　1400000

　　贷：应付账款　　　　　　　　　　1400000

作价互抵，会计账务处理为：

借：应付账款　　　　　　　　　　1000000

　　贷：应收账款　　　　　　　　　　1000000

支付抵后余款，会计账务处理为：

借：应付账款　　　　　　　　　　400000

　　应交税金－应交增值税（进项税额）　68000

　　　　贷：银行存款　　　　　　　　　468000

企业只在财务处理上作价互抵，没有实际开具料件与产品的作价发票，在互抵后开具加工费的增值税发票。这种情况下，为防止企业以原材料换成品及以原材料抵加工费，要查看其加工协议，审核加工费是否合理，支付是否正常。

③料件作价买断，收购加工成品。

将进口料件作价卖给加工生产企业加工时，增值税发票价款120 万元、税款 20.4 万元，价税合计 140.4 万元，会计账务处理为：

借：银行存款（或应收账款）　　　　1404000

　　贷：主营业务收入　　　　　　　　1200000

　　　　应交税金－应交增值税（销项税额）　204000

同时结转其销售成本，会计账务处理为：

借：主营业务成本　　　　　　　　1000000

　　贷：库存商品　　　　　　　　　　1000000

生产加工企业加工完成后，经营企业作价收购加工的成品，增值税发票价款 140 万元、税款 23.8 万元，价税合计 163.8 万元，会计账务处理为：

借：库存出口商品　　　　　　　　1400000

　　应交税金－应交增值税（进项税额）　238000

　　　贷：银行存款　　　　　　　　　　1638000

料件作价买断、收购加工成品的方式不符合海关有关进料加工的规定。国家税务总局制定的《出口货物退（免）税管理办法》对出口企业以“进料加工”贸易方式减税进口原材料、零配件转售给其他企业进行加工的退税处理办法作了明确规定，即将料件作价买断，开具增值税发票后向主管税务机关备案注明应交税额，不计征入库，待作价收购加工成品出口后，仍开具增值税发票，在办理出口退税时从退税额中扣抵。这种退税操作处理对出口退税额的确定比较清晰，较容易判断企业有无高报成本骗取出口退税的嫌疑。但这种方式，对海关实际监管造成一定难度，为确定进口料件是否真正加工成成品出口，主管加工企业的海关不仅要确定企业是不是以该方式办理出口退税，还要排除企业国内销售情况。在这种方式下，海关稽查要注意经营企业将进口料件卖给 A 企业，而从 B 企业收购所需产品的串料情况发生。

④以原料换成品。经营企业将进口料件交加工企业加工时，会计依出库单作会计账务处理：

借：委托加工商品　　　　　　　　1000000

　　贷：库存商品　　　　　　　　　　1000000

加工完毕收到成品并验收入库，会计依入库单和有关单证作会计账务处理：

借：库存出口商品　　　　　　　　1000000

　　贷：委托加工商品　　　　　　　　1000000

这种方式也是财务处理方式而已，加工费要开具增值税发票。要注意的是，如果经营企业从加工企业收回的成品金额与加工企业的料件金额是一致的，说明加工费是完全以剩余进口料件抵交。

3）出口销售情况。加工完的产品复出口时，出口发票金额200万元，会计根据商品外销情况，作会计账务处理：

借：应收外汇账款　　　　　　　　2000000

　　贷：主营业务收入　　　　　　　　2000000

收到银行结汇水单，会计账务处理为：

借：银行存款　　　　　　　　2000000

　　贷：应收外汇账款　　　　　　　　2000000

结转其成本，会计账务处理为：

借：主营业务成本　　　　　　　　1400000

　　贷：库存出口商品　　　　　　　　1400000

产品出口，按规定应退增值税，企业凭海关盖有“验讫章”的出口货物报关单（出口退税联）、银行的出口结汇水单、出口发票等，到出口退税部门办理出口退税，按规定税率退税（退税率10%，出口退税额为400000）。会计账务处理为：

借：应收出口退税　　　　　　　　40000

　　贷：应交税金－应交增值税（出口退税）　40000

将不能退税部分转入成本，会计账务处理为：

借：主营业务成本　　　　　　　　28000

　　贷：应交税金－应交增值税（进项税额转出）28000

收到退税，会计账务处理为：

借：银行存款　　　　　　　　40000

　　贷：应收出口退税　　　　　　　　40000

2. 稽查侧重点。从上述会计处理过程可以看出，根据经营企业的“库存商品”或“应付外汇账款”账户的借方记录及其对应的记账凭证和原始凭证，可以找到该企业进口料件的品名、数量、规格型号、价值及货款实际支付情况等资料，将其与企业报关资料对比可了解企业在进口环节有无违反海关监管规定行为。如果企业在报关时，已进口的料件在企业账上没有记录和反映，就有可能存在“飞料”行为。如果相关账户中记载的商品种类或商品数量比企业在报关时申报的多，则可能存在违报、瞒报等行为。

无论采取什么加工方式，经营企业都要在“库存商品”账户的贷方反映用于加工过程所耗用的料件。查阅该账户贷方就可以找到用于加工的料件数量，计算该企业进口料件的剩余库存情况。

稽查经营企业复出口情况，就要从“库存出口商品”账户的贷方（出库情况）及相关的出口资料入手，对商品出库单、下货单、出口报关单、装箱单、发票等进行核对。查看出口商品的数量、品名及价格等资料，结合“主营业务收入”、“应付外汇账款”账户贷方和“银行存款”账户借方记录及相关银行结汇单据和外汇核销单据，检查企业应收和实收外汇情况，以核实企业是否存在以多报少出、假出口或伪报出口商品名称等方式骗取出口核销或出口退税的情况。

12.1.4.2　对进料加工加工企业的稽查

进料加工加工企业的进料加工方式可分两种情况：

1. 自行进口料件加工后复出口的方式。对这类企业的稽查方法和需要注意的问题基本可参照对经营企业的稽查来进行。

1）进口环节会计处理。假设进口一批料件，价值100万元，经整理验收入库。会计根据材料入库单和进口发票等作会计分录：

借：原材料　　　　　　　　　　1000000

　　贷：应付外汇账款（或银行存款）　1000000

企业如果使用计划价格作为材料计价，则还要结转材料成本差异。

材料进口，相关会计账务处理为：

借：物资采购　　1000000

　　贷：应付外汇账款（或银行存款）　　1000000

材料入库，如计划价格小于实际价格，相关会计账务处理为：

借：原材料　　950000

　　材料成本差异　　50000

　　　　贷：物资采购　　1000000

如计划价格大于实际价格，相关会计账务处理为：

借：原材料　　1020000

　　贷：物资采购　　1000000

　　　　材料成本差异　　20000

2）生产加工环节会计处理。加工生产出口需领用进口料件，车间开具领料单领料，用于加工生产出口产品。会计根据领料单作会计分录：

借：生产成本　　1000000

　　贷：原材料　　1000000

计算应付工人工资及福利等，会计账务处理为：

借：生产成本　　57000

　　贷：应付工资　　50000

　　　　应付福利费　　7000

产品完工后，经过检验入成品库。会计根据成品入库单和成本计算单等核算产品实际成本，会计账务处理为：

借：产成品　　1057000

　　贷：生产成本　　1057000

3）出口环节会计处理。产品复出口，出口发票价款120万元，办理有关手续后，收回货款，会计账务处理为：

借：银行存款　　　　　　　　　　1200000

　　贷：主营业务收入　　　　　　　　　1200000

结转其产品成本，会计账务处理为：

借：生产成本　　　　　　　　　　1057000

　　贷：产成品　　　　　　　　　　　　1057000

如货款未收到，则会计账务处理为：

借：应收外汇账款　　　　　　　　1200000

　　贷：主营业务收入　　　　　　　　　1200000

结转其产品成本同上，待收到货款时，会计账务处理为：

借：银行存款　　　　　　　　　　1200000

　　贷：应收外汇账款　　　　　　　　　1200000

4）边角余料的会计处理。企业生产中产生的边角余料在海关规定内变卖，会计账务处理为：

借：银行存款　　　　　　　　　　10000

　　贷：营业外收入　　　　　　　　　　10000

同时，应补缴进口关税，会计账务处理为：

借：原材料　　　　　　　　　　　1000

　　贷：银行存款　　　　　　　　　　　1000

应补缴进口环节税，会计账务处理为：

借：应交税金－应交增值税（进项税额）1870

　　贷：银行存款　　　　　　　　　　　1870

5）稽查侧重点。从上面的会计账务处理可见，在“物资采购”或“原材料”账户的借方可以找到进口料件的名称、数量、规格、价格等情况，与报关资料核对，即可确定企业有无低报、瞒报等违反海关行为。检查“材料成本差异”即可确定企业是否存有调整进口环节低报商品价格的情况。

从“原材料”账户的贷方，“生产成本”账户的借方，可以查出为加工出口产品而领用的料件数量、价格等，并通过“产成品”账户的借方记录，可核出为生产一定量的产品所消耗的料件是否合理。注意检查产品产量、单耗、原料配比及是否存在串换料件等情况。

通过“主营业务收入”、“产成品”账户的贷方、“主营业务成本”账户的借方记录，可以找出实际出库数和销售客户等有关资料，结合出口报关单等资料来考核其出口数量与销售数量是否一致，确定其是否有在国内市场销售进口料件和加工后的产品等情况。

2. 受委托加工出口产品收取加工费的方式。其又可分有两种情况：

1）经营单位提供料件（不作价），加工企业收取加工费的方式。加工企业在加工过程中所耗用的主要或全部料件是由经营单位免费提供的，因此在财务的账簿中没有记录，但按财政部的规定，应设立“备查账”或“辅助账”来记录和反映进行加工所用的料件。企业在生产本单位产品，或加工不同产品时，一般是根据各种产品生产的不同特点，采用不同的方式来分摊各种有关费用，计算各种产品或加工产品的实际成本，待产品加工完成交经营单位后，收取相应的加工费。

①会计处理。分摊费用，会计账务处理为：

借：制造费用　　50000

　　贷：银行存款（或应付工资）　　50000

收取加工费，会计账务处理为：

借：银行存款　　117000

　　贷：其他业务收入　　100000

　　　　应交税金－应交增值税（销项税额）　　17000

同时结转成本，会计账务处理为：

借：其他业务成本　　　　　　　　50000

　　贷：制造费用　　　　　　　　　　50000

加工企业在为经营单位加工产品时，有时会耗用部分国产材料，应单独计价。其会计账务处理为：

借：生产成本　　　　　　　　10000

　　贷：原材料　　　　　　　　　　10000

交付产品、收取加工费时，会计账务处理同上。

结转成本，会计账务处理为：

借：其他业务成本　　　　　　　　60000

　　贷：制造费用　　　　　　　　　　50000

　　　　生产成本　　　　　　　　　　　10000

②稽查侧重点。从账务处理可以看，在“其他业务收入”账户的贷方可以找出已完工并交给经营单位的产品的收费情况。结合双方订立的加工合同中加工费的收取标准，可计算加工单位实际交付经营单位的产品数量。可通过“备查账”、“辅助账”，或盘点库存来掌握料件剩余情况；通过交付经营单位的成品数量和产品的生产单耗来计算料件耗用情况，并倒算出料件的收到数量，以判断经营单位是否擅自内销；也可通过生产报表核查产品的实际生产单耗。

2）作价加工方式。经营单位将料件作价调给加工企业进行加工，完工产品也作价收购。这种方式与加工企业自行进料加工相似，只是产成品的销售对象不同。

料件作价买断、收购加工成品的方式也不符合海关有关进料加工的规定。同样，海关稽查也要注意将进口料件卖给 A 企业，而从 B 企业收购所需产品的情况。

①会计处理。在进料加工过程中，如因不可抗力因素造成进

口料件或产品损失的，企业应及时向海关申报。如经海关核实后同意核销其损失，企业会计在账务上也要有所反映和记录。

企业在海关未核销前，会计按实际损失作会计分录：

借：待处理财产损益　　　　　　　　10000

　　贷：原材料（或产成品）　　　　　　　10000

海关核实同意核销后，会计进行调账，会计账务处理为：

借：营业外支出（或其他应收款）　　10000

　　贷：待处理财产损益　　　　　　　　　10000

②稽查侧重点。主要注意以下两种情况：

一是不履行加工合同有关规定，用国产材料生产成品顶作加工产品出口，将进口料件用于生产其他产品在国内销售或直接将进口料件在国内销售。可通过对“原材料”、“生产成本”、“产成品”、“主营业务收入”账户进行检查。

二是经营单位账面反映已作价或拨付加工企业，而加工企业账上没有记录和反映。可通过“库存商品”、“委托加工商品”、“主营业务收入”等账户进行检查，看经营企业是否擅自将进口料件销售给其他企业，从加工单位收购成品出口骗取核销的情况。

12.2 对保税工厂的稽查

保税工厂是经海关特准专为生产出口产品进行保税加工的企业。凡经国家批准有权经营进出口业务的企业或具有法人资格和承接进口料件加工复出口的出口生产企业即经营加工单位，均可向主管地海关申请建立保税工厂。

12.2.1 海关对保税工厂的有关管理规定

1. 保税工厂为外商加工、装配成品和为制造出口产品而进口的原料、材料、元器件、零部件、配套件、辅料、包装物料和加工过程中直接消耗的数量合理的化学物品，准予缓办进口纳税手续，按实际加工出口成品所耗用的进口料件免征关税及进口环节税。

2. 建立保税工厂须具有专门加工、制造出口产品的设施，拥有专门贮存、堆放进口货物和出口成品的仓库，建立专门记录出口产品生产、销售、库存等情况的账册，有专人管理保税货物、仓库和账册。

3. 保税工厂进口料件的登记备案和核销，按对加工贸易管理的有关规定办理。驻有海关监管人员的保税工厂不实行银行保证金台账制度。

4. 保税工厂必须于每季度第一个月15日前将上一季度进口的原材料储存保管、使用加工、加工成品库存和成品出口及特准内销等情况，列表报送主管海关核查。保税工厂如将进口料件同国产原材料混合加工时，必须如实向海关报明投入进口料件的比例和数（重）量。

5. 保税工厂进口的货物属海关保税货物，自进口之日起至全部出口之日止受海关监管。未经海关许可，不得出售、转让、调换或移作他用。

12.2.2 保税工厂进出口货物的会计核算

根据财政部颁发的《工业企业会计制度》及我国税制改革的变化，结合工业企业生产经营特点，现将企业从进口料件、投料生产、成品入库、对外销售等环节的会计核算和账务处理（会计分录）介绍如下：

1. 料件进口环节。料件进口的会计核算属于企业财务中的材料核算范畴，主要涉及购入材料的付款、入库，计算材料的成本等。

按实际成本核算，即按材料取得的实际成本入账。对进出口材料而言，实际成本主要包括以成交价格为基础的境外进价（包括买价、运杂费、保险费等）。由于支付货款和材料到货存在时间上的差异，下面分几种情况介绍进口料件的核算：

假设某保税工厂进口料件已办理报关手续，价值10万元。

入库，支付货款，会计账务处理为：

借：原材料（或包装物，下同）　　100000

　　贷：银行存款　　100000

料件已验收入库，货款尚未支付，会计账务处理为：

借：原材料　　100000

　　贷：应付账款　　100000

支付货款，会计账务处理为：

借：应付账款　　100000

　　贷：银行存款　　100000

进口料件尚未入库，货款已支付，会计账务处理为：

借：在途物资　　100000

　　贷：应付账款　　100000

料件到货并验收入库，会计账务处理为：

借：原材料　　100000

　　贷：在途物资　　100000

2. 加工环节。车间领用材料（工资、福利费等略），会计账务处理为：

借：生产成本　　100000

　　贷：原材料　　100000

3. 成品入库环节。企业加工生产产品的过程，也是不断发生各种费用支出的过程，会计核算需将围绕产品生产所发生的各种费用进行计算、归集、分摊，计入产品成本，待产品完工后，根据最终归集形成的完工产品成本结转至“产成品”账户。假设生产成本为 13 万元，会计账务处理为：

借：产成品　　　　　　　　　　　130000

　　贷：生产成本　　　　　　　　　　　130000

4. 对外销售环节。产品销售环节是企业生产经营活动的重要环节。进口料件加工为成品后，应根据出口合同要求销售出口。在会计核算上，出口商品的销售收入不论以何种价格条件成交，一律以 FOB 为基础。如以 CIF 或 CNF 对外成交，在商品离境后，企业以外汇支付的运费、保险费、佣金等，均应冲减该出口产品的销售收入。

1）出口销售的核算（以即期信用证方式结算）。企业收到对方银行开出的信用证后，装运商品发货，出口发票价款 15 万元，会计账务处理为：

借：银行存款　　　　　　　　　　　150000

　　贷：主营业务收入　　　　　　　　　150000

同时结转出口产品的销售成本，减少成品库存，会计账务处理为：

借：主营业务成本　　　　　　　　　130000

　　贷：产成品　　　　　　　　　　　　130000

如以 CIF 或 CNF 对外成交，企业以外汇支付的运费、保险费、佣金等，均应冲减该出口产品的销售收入，会计账务处理为：

借：主营业务收入　　　　　　　　　5000

　　贷：银行存款　　　　　　　　　　　5000

2）经海关批准，将成品在国内销售的核算。向海关补缴内销产品部分的进口料件的关税 1 万元和增值税 1.87 万元，会计账务处理为：

借：主营业务成本　　　　　　　　10000

　　应交税金－应交增值税　　　　　　18700

　　　贷：银存款　　　　　　　　　　　28700

海关核准后内销产品，取得销售收入，增值税发票价款15万元、税款2.55万元，价税合计17.55，会计账务处理为：

借：银行存款　　　　　　　　172500

　　贷：主营业务成本　　　　　　　150000

　　　　应交税金－应交增值税（销项税额）　25500

同时结转主营业务成本，会计账务处理为：

借：主营业务成本　　　　　　　130000

　　贷：产成品　　　　　　　　　　130000

12.2.3　稽查侧重点

1. 进口料件不入库，"飞料"倒卖。可通过"原材料"账户的借方与海关的报关单和登记手册等单证上的进口记录进行核对，并进一步调阅相应的会计凭证，以确认其材料品种、规格、数量等是否与海关进口记录一致。如"原材料"账户的借方无材料增加或与海关进口记录不符，应到企业材料仓库或材料管理部门核查进口材料到货记录，以排除材料已到、因等待验收尚未办理财务入账手续的可能性。如这些部门也无到货记录，则进口料件"飞料"的可能性较大，应询问有关当事人员，开展进一步调查。

2. 擅自内销进口料件和成品。进口料件的内销主要通过"其他业务收入（支出）"账号结算。稽查应首先核查"原材料"账户的贷方（材料发出的记录），对非正常加工生产用途的付出材料，应结合有关会计凭证确认材料流向。如有内销疑点，则进一步核查"其他业务收入"账户贷方，核实内销成品的价款收入，以最终确认企业是否存有擅自内销行为。

3. 擅自转让进口料件和成品。转让分为有偿转让与无偿转让，有偿转让实质为出售，稽查的重点同上。无偿转让及赠与，在企业会计核算上主要通过“营业外支出”账户的借方及“原材料”、“产成品”的贷方来反映相关的无偿转让及赠与物品，调阅有关会计凭证，以确认企业是否存有擅自转让的行为。

4. 擅自用进口料件和成品对外投资。有的企业用进口料件和成品进行对外投资，实质是变相出售。实物投资在企业会计上主要通过“投资收益”、“长期投资”和“投资收益”账户反应。材料（或成品）向其他单位投资时的会计核算，会计账务处理为：

借：短期（长期）投资－其他投资　　117000

　　贷：原材料（或产成品）　　100000

　　　　应交税金－应交增值税（销项税额）　　17000

核查以上账户实物投资的疑点，调阅会计凭证及投资协议以确认企业是否存有擅自将保税货物对外投资的行为。

5. 隐瞒真实情况，高报料件单耗。海关稽查产品单耗时，应抓住“成本计算单”这一关键环节，根据需确定料件单耗的产品名称，查阅“生产成本”账户中该产品的“成本计算单”。但注意如在本期完工生产中有上期结转的在产品和本期发生的在产品，则在确定本期生完工产品材料消耗数量时，应从材料消耗总额中进行合理加减。

12.2.4 案例分析

案例一：H保税工厂保税进口涤纶短纤等原料，加工生产涤纶布出口。

2008年7月，主管海关对H保税工厂实行常规稽查，稽查人员对仓库的库存存货进行盘点，发现库存比企业账面多出100吨，账面与手册应有余料基本相符。经进一步对企业的财务账册、车间成本核算单等核查发现，原来H企业根据备案手册单耗推算领料，实际生产单耗比备案单耗低，造成节流保税料件，还未处理暂寄存在仓库里，未填入库单。海关要求H保税工厂进行整改并罚款，要求其根据实际核销单耗如实申报领料情况，按实际单耗核销，将节流保税料件进行重新登记纳入保税监管。

案例二：I保税工厂保税进口天然橡胶等原料，加工生产汽车轮胎出口。

2008年6月，主管海关对I保税工厂实行常规稽查，通过核查“原材料”账册发现有一笔贷方发出的200吨天然橡胶，与正常车间领用相比数量较大，调阅相应的会计凭证，其中并未注明具体那个生产车间领用，有内销料件的疑点。稽查人员在“其他业务收入”账户的贷方发现出售200吨的天然橡胶的收入记录。查看对应的“银行存款”账及相应凭证，确定了企业擅自内销保税料件的违法行为。

12.3 对保税区内加工企业的稽查

保税区是海关监管的特定区域，海关依法对进出保税区的货物、运输工具、个人携带物品实施监管。保税区设立，必须经国务院批准。保税区实行海关稽查制度。区内企业应当与海关实行计算机联网，进行电子数据交换。目前，区内企业主要类型有：开展加工贸易的生产加工型、保税仓储型、开展进出口贸易的国际贸易型。保税仓储型和国际贸易型企业与区外同种类型的企业基本一致，而生产加工型企业则比较特殊，本节将作重点介绍。

12.3.1 海关对保税区加工企业监管的有关规定

1. 保税区与境外之进出的货物，由货物的收货人、发货人或其代理人向海关备案。

2. 对保税区与境外之间进出的货物，除实行出口被动配额管理的外，不实行进出口配额、许可证件管理。

3. 从境外进入保税区的货物，其进口关税和进口环节税征收规定如下：

1）区内生产性的基础设施建设项目所需的机器、设备和其他基建物资，予以免税；

2）区内企业自用的生产、管理设备和自用合理数量的办公用品及其所需的维修零配件，生产用燃料，建设生产厂房、仓储设施所需的物资、设备，予以免税；

3）保税区行政管理机构自用合理数量的管理设备和办公用品及其所需的维修零配件，予以免税；

4）区内企业为加工出口产品所需的原材料、零部件、元器件、包装物件，予以保税。

除上述4项货物外的其他货物或者物品从境外进入保税区，应当依法纳税。转口货物和在保税区内储存的货物按照保税货物管理。

4. 从保税区进入非保税区的货物，按照进口货物办理手续；从非保税区进入保税区的货物，按照出口货物办理手续，出口退税按照国家有关规定办理。

5. 保税区的货物可以在区内企业之间转让、转移；双方当事人应当就转让、转移事项向海关备案。

6. 区内加工企业应当向海关办理所需料件进出保税区备案手续。

7. 区内加工企业生产属于被动配额管理的出口产品，应当事先经国务院有关部门批准。

8. 区内加工企业加工的制成品及其在加工过程中产生的边角

余料运往境外时，应当按照国家有关规定向海关办理手续，除法律法规另有规定外，免征出口关税。

9. 区内加工企业将区内加工的制成品、残次品、副产品或者在加工过程中产生的边角余料运往非保税区时，应当按照国家有关规定向海关办理进口报关手续，并依法纳税。

10. 海关对区内加工企业进料加工、来料加工业务，不实行加工贸易银行保证金台账制度。委托非保税区企业进行加工业务的，由非保税区企业向当地海关办理合同登记备案手续，并实行加工贸易银行保证金台账制度。

12.3.2 区内加工型企业进出境、进出口货物的会计核算

1. 保税料件从境外入区的进境环节。料件进境的会计核算属于企业财务中的材料核算范畴，主要涉及购入材料的付款、入库、计算材料的成本等。

1）假设一批料件进境，价值10万元，已办理报关手续，验收入库，货款当即支付，其会计账务处理为：

借：原材料（或包装物，下同）　　100000
　　贷：银行存款　　100000

进境料件需对外支付外汇。目前，根据我国保税区外汇管理规定，区内企业不能购汇，须用企业自有外汇，因此不产生汇兑损失。

2）验收入库，货款尚未支付，会计账务处理为：

借：原材料　　100000
　　贷：应付货款　　100000

支付货款时，会计账务处理为：

借：应付货款　　100000
　　贷：银行存款　　100000

3）进口料件尚未入库，货款已支付，会计账务处理为：

借：在途物资　　　　　　　　　　100000

　　贷：银行存款　　　　　　　　　　100000

料件到货并验收入库后，会计账务处理为：

借：原材料　　　　　　　　　　　100000

　　贷：在途物资　　　　　　　　　　100000

2. 加工环节。会计根据发料单据作会计账务处理：

借：生产成本　　　　　　　　　　100000

　　贷：原材料　　　　　　　　　　　100000

3. 成品入库环节。假设生产成本为 12 万元，会计账务处理为：

借：库存商品　　　　　　　　　　120000

　　贷：生产成本　　　　　　　　　　120000

4. 对外销售环节。该项业务与保税工厂加工成品对外销售时的账务处理基本一致，不过“产成品”科目改为“库存商品”科目。

5. 经海关批准，将成品在国内销售的核算。保税区的加工企业内销进口料件或其制成品（包括残次品、副产品），分别以料件或制成品申报内销时的价格估定；如果内销的制成品中含有从境外采购的料件，则以所含从境外采购料件原进口时的价格估定。

该项业务与保税工厂加工成品在国内销售时的账务处理基本一致，不过“产成品”科目改为“库存商品”或“原材料”科目。

12.3.3　稽查侧重点

与保税工厂的稽查侧重点基本相同。主要增加对进口机器、设备、办公用品等是否符合减免税规定的审核。主要通过审核“固定资产”科目贷方，看其减少是否合理。

12.3.4 案例分析

某保税区J企业开展塑料电器生产，其所耗塑料原料为进境的保税货物。海关在常规稽查时，对企业“其他业务收入”科目中较大的金额核查后发现其明细账显示“内销下脚料”，推断是保税的下脚料。经查阅相关会计凭证及原始凭证，该企业向海关征补塑料下脚料的数量基本相符，但是，下脚料镀银铜等则没有向海关申报，据此查获J企业擅自内销、漏交税款的违法事实。

12.4 对出口加工区内企业的稽查

出口加工区是经国务院批准的设立，由海关监管的特定区域。海关在加工区内设立机构，并依照《中华人民共和国海关对出口加工区监管的暂行办法》，对进、出加工区的货物及区内相关场所实行24小时监管。出口加工区实行“规范、封闭式、境内关外”的管理模式。

12.4.1 海关对出口加工区的有关管理规定

1. 区内不得经营商业零售、一般贸易、转口贸易及其他与加工区无关的业务。

2. 区内企业应当依据《中华人民共和国会计法》及国家有关法律法规的规定，设置符合海关监管要求的账簿、报表。凭合法、有效凭证记账并进行核算，记录本企业有关进、出加工区货物和物品的库存、转让、转移、销售、加工、使用和损耗等情况。

3. 加工区实行计算机联网管理和海关稽查制度。

4. 区内企业开展加工贸易业务不实行加工贸易银行保证金台账制度，海关不实行加工贸易登记手册管理。

5. 海关对进、出加工区的货物、物品、运输工具、人员及区内有关场所，有权依照《海关法》的规定进行检查、查验。

6. 国家对区内加工产品不征收增值税。

7. 国家禁止进、出口的货物、物品，不得进、出加工区。

8. 加工区与境外之间进、出的货物，除实行出口被动配额管理的外，不实行进出口配额、许可证件管理。

9. 从境外进入加工区的货物，其进口关税和进口环节税，除法律法规另有规定外，按照下列规定办理：

1）区内生产性的基础设施建设项目所需的机器、设备和建设生产厂房、仓储设施所需的基建物资，予以免税；

2）区内企业生产所需的机器、设备、模具及其维修用零配件，予以免税；

3）区内企业为加工出口产品所需的原材料、零部件、元器件、包装物料及消耗性材料，予以保税；

4）区内企业和行政管理机构自用合理数量的办公用品，予以免税；

5）区内企业和行政管理机构自用的交通运输工具、生活消费用品，按进口货物的有关规定办理报关手续，海关予以照章征税。

10. 区内企业加工的制成品及其在加工生产过程中产生的边角料、余料、残次品、废品等销往境外的，免征出口关税。

11. 区内企业在确有需要时，可将有关模具、半成品等运往区外进行加工。经加工区主管海关关长批准，由接受委托的区外企业向加工区主管海关缴纳货物应征关税和进口环节增值税等值保证金或保函后办理出区手续。委托区外企业加工的期限由加工区主管海关参照合同期限核定。货物加工完毕后应按期运回区内。

12. 运往区外维修的机器、设备、模具和办公用品等，运回区内时，要以海关能辨认其为原物或同一规格的新零件、配件或附件为限。更换新零件、配件或附件的，原零件、配件或附件应一并运回区内。

13. 从区外进入加工区的货物视同出口，办理出口报关手续。

12.4.2 出口加工区进出货物的会计核算

与保税区进出货物的会计核算相似，可参考执行。

12.4.3 稽查侧重点

与保税区的稽查侧重点相似，可参考执行。

12.4.4 案例分析

2008 年某海关对某出口加工区 K 企业实施常规稽查时发现，该公司的会计科目设置了“委托加工商品”，经查相关记录，有发往区外某加工厂加工 10 笔全棉布共 1000 米的记录。查看“库存出口商品”的借方，有从某加工厂收回玩具衣服共 1 万件的记录，仓库账也有进仓记录。经了解，原来该企业当时急于交货，未经海关批准就外发加工。海关根据有关规定，对该企业处以罚款。

12.5 对联网监管加工贸易企业的稽查

海关对加工贸易企业联网监管是指海关通过计算机网络从实行全过程计算机管理的加工贸易企业提取监管所必需的财务、物流、生产经营等数据，与海关计算机管理系统相连接，从而实施对保税货物监管的一种方法。海关利用计算机手段对企业加工贸易生产物流数据进行核查，并根据情况下厂实际核查保税货物，企业通过计算机网络向海关办理备案、变更、核销、进出口货物等有关数据。

12.5.1 海关对联网监管的有关管理规定

1. 对联网企业不实行银行保证金台账制度。

2. 对具备加工贸易经营资格、海关实行A类管理、有足够的资产或资金为本企业实行联网监管应承担的经济责任提供总担保和采购、生产、库存、销售等实行全程计算机管理的出口为主的生产型企业才可申请联网监管，由海关总署批准。

3. 对联网企业，海关以政府有关主管部门批准的加工贸易经营范围、年生产能力等为依据，建立电子账册，取代加工贸易登记手册，实施电子账册管理。

4. 联网企业可根据实际生产需要，分别向海关申请办理进口料件、出口成品及成品单（损）耗的备案手续。

5. 联网企业之间或联网企业与非联网企业之间的深加工结转业务，凭身份认证卡、电子账册或登记手册按规定办理结转报关手续。

6. 联网监管实行企业定期报核，海关分段核销制度。

7. 联网企业因故需内销加工贸易货物时，应按现行有关规定办理。缓税利息的计征日期按确定的核销周期计算。

8. 在办理核销手续时，海关将电子账册余料与联网企业实际库存量进行对比，对料件的短少或超出部分核实后，按有关规定处理。

12.5.2 联网企业的会计核算

联网企业的会计核算视联网企业实施来料加工或进料加工的性质而定，可参考来料加工或进料加工企业的会计处理。

12.5.3 稽查的侧重点

海关对联网企业数据进行核对，调阅企业的相关管理数据、账册、单据和其他资料，盘点核对货物，可参考来料加工或进料加工企业的稽查。电子账册的核销周期是与企业会计周期同期的，即企业的会计大盘点日也是海关核销或核查日，所以，对联网企业的常规稽查有其特殊性，一般要事先与企业约定在企业的大盘点日实施，方便电子账册与企业财务资料的核对，可联系加工贸易、关税、归类等相关监管部门联合稽核。

12.5.4 案例分析

L联网企业进口手提电脑零件，装配生产手提电脑出口。该企业进行停产盘点时，通知其主管海关加工贸易监管部门，为此加工贸易部门约定稽查、关税、归类等部门一起对L联网企业实施常规稽查。经几天的盘点核查，发现企业电子手册账面与实际库存有一定的出入，有的盘盈，有的盘亏，但盘盈与盘亏的数量基本相符，经海关人员进一步核实，原来是企业在商品的归并方面与电子账册不一致造成的。为此，企业与海关根据料件的实际用途确定归类归并原则，关税部门根据重新确定的归类标准核定应退补税，加工贸易部门根据实际予以变更，更加完善联网企业的实际监管。